＼ 必ず作れる♥ ／

アイシングクッキーの教科書

KAWAII COOKIES BOOK

AYUMI SAITO

文芸社

Contents

本書では素手で食品に触れている写真がありますが、ネイルアートも含め世界観を楽しむ作品として掲載しております。販売用の食品製造時には保健所指導のもと衛生管理を徹底して行っております。

How to make Kawaii cookies

初めましての皆様こんにちは。
すでに知ってるよという皆様、いつもありがとうございます♡ファンシーなお菓子を作っております
momocream＋あゆちと申します。（インスタ見てね♡）

アイシングクッキーはここ数年で日本でもよく見るようになったスイーツですが、きっとこの本で初め
て知った方もいらっしゃると思います。ケーキ屋さんじゃないと作れないと思われているアイシング
クッキーですが、そんなことはありません♡

私もパティシエさんですか？とよく聞かれるのですが、いいえ全く（笑）。
ただの可愛いもの好きな人というだけでして。ちょっとキャラが濃いというだけでしてw
製菓学校に行ったわけでもなく、夫と結婚するまで料理もそんなにしたことがない超素人だったんです。
それがハマりにハマって、作りまくっていくうちに独学でお菓子屋さんを開業し、1冊の本を出せるよ
うになったわけなので人生って本当どう転がるかわかりませんね（笑）。

もちろん素人がいきなり作れるようになるわけではないし、それなりにめちゃめちゃ失敗もしまくって
きたわけですが、とにかくたくさん作ってきたので知識と技術だけはしっかり備わりました♡
なのでこの本を見てくださった方はすごくお得です。これから挑戦する方が失敗してしまうであろう原
因と解決策がこの本に全部書いてあるわけです。
そうです、皆さんの代わりに失敗しておきました＾＾←え。

ここにアイシングクッキーの基礎をいーっぱい詰め込んだので、クッキーを焼いたことがない方も作れ
るようになります♡あとは可愛いものが作りたいかという気持ち次第♡
お菓子作りをしたことがなくても大丈夫！難しい技術は使わず可愛く作れるように考えました。経験者
さんには技術的には物足りないかもしれませんが、よくある失敗の解決策も載せたので参考になるかも
しれません♡

私は製菓独学の異端児とInstagramで銘打っているわけですが、ただのレシピ本にしたくなくてですね、
本を置いているだけでも可愛い♡見ているだけでも可愛い♡とワクワクできるように、本全体がとにか
く可愛くなるようにこだわりまくった結果、自分でデザインを手がけるという著者としてはなかなか珍
しいことになり、ここでも異端児ぶりを発揮してしまいました（笑）。

なのでレシピ本だけど絵本のような、洋書のような、ファンシー雑貨のような…とにかく可愛い♡をた
くさん詰め込むことができました。ぜひ楽しんでくださると嬉しいです♡

クッキー生地の基本道具

アイシングクッキーを作るために必要な基本のお道具を紹介します♡お家のキッチンにあるもので作れますよ♡特殊な道具といえば着色料とコルネシート、口金もあるとデザインの幅が広がります♡なくても大丈夫なものや、代用できるものもあるので工夫してみるのも◎まずはお家にある道具を確認してみてください♡

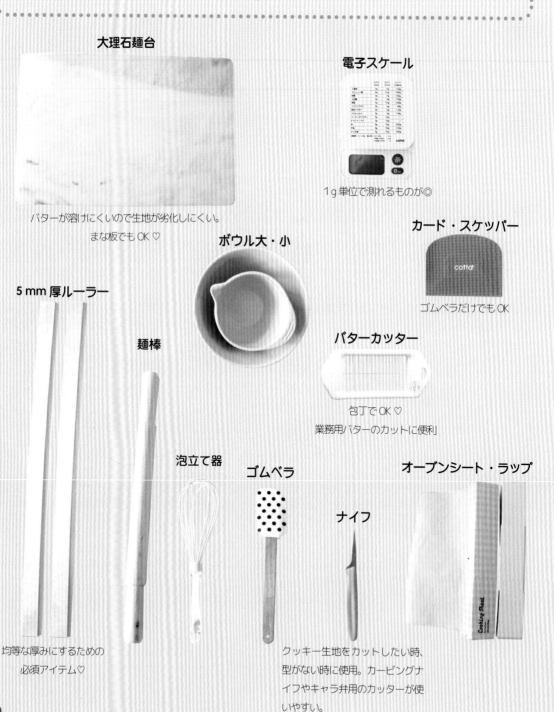

大理石麺台

バターが溶けにくいので生地が劣化しにくい。
まな板でもOK♡

電子スケール

1g単位で測れるものが◎

カード・スケッパー

ゴムベラだけでもOK

5mm厚ルーラー

均等な厚みにするための
必須アイテム♡

麺棒

ボウル大・小

バターカッター

包丁でOK♡
業務用バターのカットに便利」

泡立て器

ゴムベラ

ナイフ

クッキー生地をカットしたい時、型がない時に使用。カービングナイフやキャラ弁用のカッターが使いやすい。

オーブンシート・ラップ

アイシングの基本道具

ハンドミキサー

着色料

本書ではウィルトンアイシングカラーを使用

コルネシート

三角にカットされたOPPシートを巻いて作る。大小あると便利ですがライン用の小（18m角）だけてもOK♡

水入れ・スポイト

アイシングを調節するための水入れ・筆を洗う用・アルコール用があると良い。

筆・ニードル・ハサミ

筆は必須。ナイロン製のネイル用品などをアルコール消毒して使う。最近では食品用の筆もあります。ニードルは爪楊枝でOK♡ハサミはコルネの先をカットするために使うので小さいものが○

爪楊枝・アイスの棒

カラージェルを付けて着色したり、細かい部分にアイシングを流し込む時に使う。竹串でも良い。

着色するための器・スプーン

アイシングを着色するためにいくつか用意する。アイスのスプーンやプリンカップが便利♡

口金

本書ではウィルトンバラ口金101°・星口金8mmを使用。

キッチンペーパー

筆の水分を調整したり、コルネの先を拭き取る時に使用。

あると便利な道具

保存用の蓋つき容器

シリカゲル・シート乾燥剤

フードドライヤー

シルパン

これを使用して焼くとクッキーが平らに焼ける＆裏面が綺麗に仕上がりワンランク上のクッキーに♡ない場合はオーブンシートでOK。

To bake Cookies

LESSON 1ではアイシングクッキーに絶対必要なクッキー生地を作ります。
クッキーのレシピってたくさんありますよね。よく聞かれるのはどれが正解ですか？ということ。
バターの量や小麦粉の分量が違うのはもちろんですが、作り方もバターを泡立て器で混ぜるレシピや冷
たいバターのままザクザク切り混ぜるレシピなど、1つの方法だけではありません。

名前もクッキー、だけではなくサブレだったり、ビスケットだったり…。
どれも基本はバター、お砂糖、小麦粉でできています。

さて、どれが正解ですか？という質問の答えについて。
それは……どれも正解！（笑）。

えー！！！という声が聞こえてきそうですね。
厳密にいうと食品表示の基準では脂肪分と糖分が４０％以上のものをクッキーと呼びますが、これは
日本だけのお話でアメリカ等の海外ではサクッとした食感であればクッキー！というアバウトさなんで
す（笑）。

なので、個人的には美味しいクッキーならOK♡
専門用語などがあると難しく思えますがこの本ではとても簡単に説明しています。
プレーンなクッキーの他、お子様でも作れるスーパー簡単なクッキーレシピや米粉で作るグルテンフ
リーレシピも載せています。
難しく考えずに♡ぜひ楽しみながら作ってみてくださいね♡

アイシングクッキーにぴったりな表面がすべすべのクッキーレシピ

Basic Butter Cookies

材料

無塩バター	200g
粉砂糖	140g
卵（全卵）	1個
薄力粉（シュクレ）	400g
塩	3g
強力粉（打ち粉用）	少々

アイシングクッキーを可愛く仕上げるためには、まずはクッキーを作ってみなくちゃ♡

このレシピでは少しの手間で表面がすべすべフラットに焼けるコツを記載しています。表面が平らなクッキーはアイシングがとってもやりやすくなります。

特別な材料は使用していません。卵が余らないように調整した計量しやすいレシピです♡

お家にある道具の他に、あればもっと綺麗に焼けるお道具やコツがあるのでご紹介しますね。
慣れてきたらぜひ揃えてみてください♡

  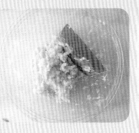 

① 常温で柔らかくしたバターを薄くカットする。

② ふるった粉砂糖と塩を加え、砂糖が見えなくなるまでカードで切り混ぜ、そぼろ状にする。

③ 常温に戻した卵を割りほぐし、②のボウルに少しずつ加えカードで切り混ぜる。

④ 卵が全体に混ざったら振るった薄力粉を入れ、両手でこすり合わせるように擦りまぜる。

生地の感じが変わるよ ☆☆

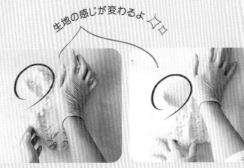 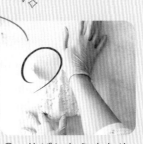 

工程⑤〜⑥のことを
フラゼと言うよ♡

⑤ 生地がある程度まとまってきたらギュッとひとまとめにして麺台にのせ、手の平の手根部分を使って伸ばす。

⑥ 伸ばしたらまとめ、伸ばしたらまとめ…を3回繰り返す。回数が多いと生地が固くなりすぎちゃうので注意！

⑦ 100gぐらいずつを綺麗に1つにまとめ、乾燥しないようにラップで包んで冷蔵庫で2時間休ませる。

裏ワザ

時間がない時は冷凍庫で20分冷やして次の作業へどうぞ♡（ただしすこーしキメが粗くなります:））

台にくっつく時は
強力粉をまぶすよ

 焼き方

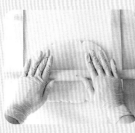 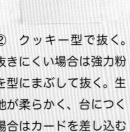 

① クッキー生地の両サイドにルーラーを置き、均等に力をかけて麺棒で伸ばしていく。生地を回転させて均一な厚みになるように伸ばすこと。

② クッキー型で抜く。抜きにくい場合は強力粉を型にまぶして抜く。生地が柔らかく、台につく場合はカードを差し込むと良い。

③ 抜き終わった生地はひとまとめにして再び伸ばす。台にくっついてしまった生地はカードを使って集める。

④ シルパンを敷いた天板にクッキー生地を並べ、180度に予熱したオーブンで15分焼き、焼けたら常温で冷ます。

8ページで少し触れましたがクッキーの作り方は1つだけではありません。
11ページの方法は【サブラージュ法】に近い作り方で、最初にバターを泡立てない方法です。

このページで紹介するのは、サブラージュ法をもっと簡単にフードプロセッサーで作る方法と、
最初にバターを泡立てる【シュガーバッター法】です。

シュガーバッター法はパウンドケーキなどでもよく使う方法なので名前だけでも覚えておくと他のお菓
子を作る際にも役立ちます。食感も作り方によって少し変わるのですが、ご家庭では作りやすいレシピ
が一番かと思います♡好みの食感や作りやすさからレシピを選ぶのもOKなのですよ♡

フードプロセッサーで簡単なサブラージュ法

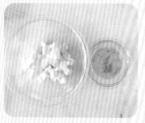   

① バターは1cm角に切
り冷蔵庫で冷やしておく。
卵も割りほぐして冷蔵庫で
冷やしておく。

② 卵以外の材料をフード
プロセッサーに入れ、そぼ
ろ状～粉状になるまで回
す。

③ 冷やしておいた溶き卵
を全て加え、生地がある程
度まとまるまでフードプロ
セッサーを回す。

④ 手でギュッ！と押さえ
てひとまとめにし、ラップ
で包んで冷蔵庫で2時間休
ませる。（フラゼはなしで
OK）

⑤ 生地を休ませた後は
11ページの焼き方工程と
同じです♡

家庭用なら10ページの分量半分で♡

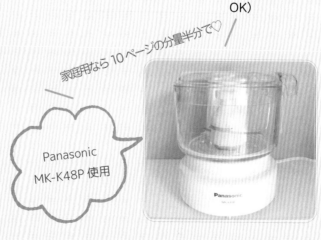

Panasonic
MK-K48P 使用

シュガーバッター法（クレメ）

① バターは指の跡が付くくらいの柔らかさにしておく。レンジで10秒ずつバターの向きを変えて加熱すると速い◎

② 大きめのボウルにバターを入れ、泡立て器で滑らかになるまで混ぜる。（ハンドミキサーでもOK）

③ 砂糖、塩を加えて白っぽくふんわりするまで泡立て器で混ぜる。

④ ③に溶き卵を少しずつ加え、その都度クリーム状になるまで泡立て器でよく混ぜる。

⑤ 溶き卵を入れて混ぜた時に分離してしまったら大さじ1程度の薄力粉を分量内から加える。（卵が冷えていると分離しやすい。）

⑥ 薄力粉を加えてゴムベラかカードで切るように混ぜていく。

⑦ ある程度塊になったら11ページの工程⑤～⑥のフラゼをする。

⑧ 綺麗に1つにまとめてラップで包み2時間冷蔵庫で休ませる。

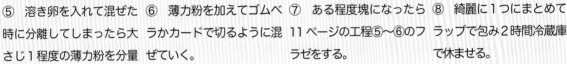

どの作り方でも共通♡

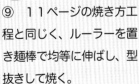

⑨ 11ページの焼き方工程と同じく、ルーラーを置き麺棒で均等に伸ばし、型抜きして焼く。

♥休ませたクッキー生地が固くて伸ばせない場合は無理に伸ばさず、少し常温に戻し、麺棒でトントンと叩いて平らにしてから伸ばすと生地が割れにくい♡

♥伸ばした生地にツヤが出ている場合はバターが溶け出しているので20分ほど冷蔵庫で休ませる。
型抜きした残り生地に注意！できるだけ部屋の温度を低く保つこと♡

13

ちょっぴりビターな大人味♡

COCOA Cookies

材料

無塩バター	200g
きび砂糖（粉糖 OK）	140g
卵（全卵）	1個
薄力粉（シュクレ）	380g
無糖ココアパウダー	20g
強力粉（打ち粉用）	少々

真っ黒のクッキー生地にしたい場合はブラックココアパウダーを使います♡
砂糖入りのココアの場合はお砂糖の量を調整してください。

作り方

①　バターをカットし、常温に戻しておく。
薄力粉とココアパウダーを合わせてふるっておく。
卵も溶いて常温に戻しておく。

②　カットしたバターをボウルに入れてきび砂糖を入れ、カードで切り混ぜる。そこに溶き卵を少しずつ加えて切り混ぜる。

③　合わせた粉類を一気に入れ、手ですり合わせる。（カードで切り混ぜても OK）

④　生地がある程度まとまってきたらフラゼを3回する。（手の熱で油分が出やすいので注意！）

⑤　一まとめにしてラップでしっかり包み冷蔵庫で2時間休ませる。

⑥　麺棒で生地を伸ばして型抜きをし、180度のオーブンで15分焼く。

たまにはグルテンフリーもいかがですか？♡

KOMEKO cookies

📋 材料

無塩バター	200g
きび砂糖（粉糖 OK）	140g
卵（全卵）	1個
米粉	350g
アーモンドプードル	50g
打ち粉用米粉	適量

米粉クッキーはグルテンが出ないので小麦粉クッキーよりも表面がザラザラになります♡食感もほろほろした感じになりますよ♡

✏️ 作り方

① バターをカットし、常温に戻しておく。
米粉とアーモンドプードルは合わせてふるっておく。卵も溶いて常温に戻しておく。

② カットしたバターをボウルに入れてきび砂糖を入れ、カードで切り混ぜる。そこに溶き卵を少しずつ加えて切り混ぜる。

③ 合わせた粉類を一気に入れ、手ですり合わせる。

④ 生地がまとまるまで捏ねる。（米粉はグルテンが出ないので捏ねても大丈夫◎）

⑤ ひとまとめにしてラップでしっかり包み冷蔵庫で３０分ほど休ませる。

⑥ 麺棒で生地を伸ばして型抜きをし、１８０度のオーブンで１５分焼く。

子どもだけでも作れちゃう♡

Chocolate chips Cookies

材料

無塩バター	100g
きび砂糖（粉糖OK）	75g
卵（全卵）	1個
薄力粉（シュクレ）	200g
チョコレートチャンク	お好みで
強力粉（打ち粉用）	少々

フードプロセッサーを使うと、力が
必要なく生地が混ぜられるのでとて
も簡単です♡
洗い物も少なくて◎小学生未満のお
子様はブレードの部分が危ないので
大きいご兄弟やお母様も一緒に作っ
てくださいね♡

作り方

①　フードプロセッサーにバター、きび砂糖、卵を
入れ、全体がそぼろ状になるまでガッ！ガッ！と細
かく回す。

②　①に薄力粉を全部加えてそぼろ状になるまで
ガッ！ガッ！と細かく回す。

④　生地がまとまってきたら大きめのボウルに移し
チョコレートチャンクを好きなだけ加える。（チョ
コたっぷりが好きですよね＾＾）

⑤　食べやすいサイズに丸め、厚さ1cm程度に平
らにする。（手にくっつく場合は打ち粉をし捏ねす
ぎないように♡）

⑥　オーブンシートを敷いた天板に並べ180度に
予熱したオーブンで17分焼く。（クッキーの厚み
で調節してくださいね♡）

厚みに気を付ければ形はなんでも
OK！型も要りません♡
ハートにしたり、リボンにしてみ
たり…無限大♡

YUMMY ♡

味見しましゅ

お恥ずかしながら私はお菓子を作る仕事をしているのに、子どもとお
菓子を作ったことがほとんど無いんですね。
ものすごく久しぶりに一緒に作る？と聞いてみると、みんなそれはも
う嬉しそうに「作る！」と言い、一生懸命作ってくれるんです。

力の要る作業は一番上のお姉ちゃんが担当し、粉を入れたり卵を割っ
たりは下の子たちが上手にサポート。
自然と役割分担をして仲良く作っていきます。

焼けるまでの間の「早く食べたいねー♡」というワクワクした表情、「ど
れから食べる？」、「これは私が作ったやつ♡」、「これは上手にできた
からママにあげるね♡」

子どもたちはみんな笑顔。　見ているこちらも自然と笑顔になります。

お菓子作りは HAPPY 作り♡　たくさんの笑顔が生まれます♡
この本を見て HAPPY な気持ちになってくれる方が 1 人でもいたら
とてもとても嬉しいです♡

HAPPINESS ♡♡

LESSON 2 はアイシングクリームの作り方を学びます♡アイシングクッキーを作る際に陥没してしまう、滲むなどのトラブルが発生するとよく聞きますが、ほとんどがアイシングクリームの状態によるものなんですね。アイシングクリームの状態がいかに安定しているか。が、アイシングクッキーの出来上がりに関係しています。常に安定したアイシングクリームが作れると良いですね♡

基本のアイシングクリームとコルネの作り方

Icing cream and Piping bag

水３８gは基本の
ちょいカタ

🔲 材料

【基本のアイシングクリーム】

オリゴ糖入り粉砂糖	３００g
乾燥卵白	10g
水	38g〜都度調整

【着色する場合】

ウィルトンアイシングカラー
野菜やフルーツのパウダー
天然色素

アイシングクリームを作る際はある程度量を作った方が安定します。
300g の粉砂糖は多いと思うかもしれませんが、余ったアイシングは蓋つき容器に入れピタピタにラップをかけてから蓋をして空気と触れないようにすれば冷蔵庫で1週間程度保存できますよ♡
再度使う際にはしっかり混ぜ直してから使いましょう♡

① レシピの水３８ｇで基本のライン（縁取りなど）を引く固さになります。
本書では【ちょいカタ】と呼びます♡

② アイシングの材料を全てボウルに入れ、ゴムべらでざっくり混ぜ合わせる。

③ ハンドミキサーで白くなるまでしっかり混ぜていく。

④ 白くマットなクリームになったらゴムべらで全体を混ぜなじませる。

⑤ アイシングを緩くしたい場合は使う分だけ取り分けスポイトで水を少しずつ足して混ぜる。

⑦ 基本のアイシングを作ってからアイシングを固くしたい場合は粉砂糖を少量足してよく混ぜる。

着色をする場合は工程④のあとで、小さい器に取り分け、ちょいカタの状態で着色します♡

使い捨てのプリンカップが便利♡

アイシングクリームの状態を見きわめよう♡

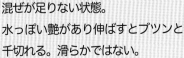

ふんわり感大事

混ぜが足りない状態。
水っぽい艶があり伸ばすとブツンと千切れる。滑らかではない。

しっかり混ざった状態。
白くマットなフワッとしたクリーム状。伸ばした時は滑らかにのびる。

アイシングの固さ調節は慣れるまでスポイトを使うと失敗しにくいです。
少しずつ水を足してよく混ぜましょう♡

アイシングの固さ調節

① アイシングを使う分だけ器に取り分ける。

② ライン用として小さじ1くらいの量をコルネ*¹に詰める。

———————
＊1）次ページ参照。

③ コルネに取った残りにスポイトで水を少しずつ加えてよく混ぜる。
コルネに詰める場合は大きいコルネに詰めるのが◎

④ コルネが区別できるように緩めのアイシングを詰めたらマスキングテープなどで印をつけておくとわかりやすい。

4種類を使い分けるよ！

アイシングクリームの固さ4種類

基本の**ちょいカタ**。輪郭をとる、細い線を引く時に使う固さ。持ち上げた時に先がクルッと倒れるくらいが目安。

広い面を塗る用の**ゆるめ**。ちょいカタを作った後、スポイトで水を少しずつ加えて調整する。

緩すぎず固すぎずの**ちょいゆる**。もこもこのクリーム部分や立体感を出したい部分に。筋が残るくらいの固さ。

4種の中で一番固い**カタめ**。口金用。ツノの先がお辞儀しない固さ。ちょいカタに粉砂糖を少し足してよく練り上げる。

アイシングクリームの状態や固さ調節の方法はわかりましたか？
次はアイシングクリームを詰めるコルネを作ってみましょう♡きれいなコルネが作れると線を描く
時に安定します。大量に作る時は口金を使うこともありますが、色数が多い時はコルネの方が簡単
です。輪郭を取る用のちょいカタは小さいコルネ、塗り潰し用のゆるめは大きいサイズのコルネを
用意するといいですよ♡

コルネの作り方

① OPPシートを写真のように置く。

② Cの角をAの方にくるっと巻く。

③ 巻いたところを押さえながらBの角もくるっと巻く。

④ コルネの先がツンツンになり閉じているのを確認して、先から2mmのあたりをテープでとめる。

実際はOPPシートで作るよ♡

アイシングクリームの詰め方

 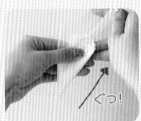  

① コルネに小さじ1程度のアイシングを入れる。量が多いと溢れるので注意！

② コルネに入れたスプーンの部分をグッと押さえ、スプーンを引き抜く。

③ コルネの両サイドをうちに折り込む。

④ クルクルっと上から巻いてきて、テープでとめる。

⑤ ゆるめアイシングは大きいコルネに流し入れる。スプーンなどで入れても◎

⑥ 広い部分を塗るときはそのままスプーンで塗り広げてもOK♡

本書では発色の良いウィルトンアイシングカラーを使用しています。8
色セットとブラックがあれば大抵の色は作れますからまずはこのセッ
トとブラックを購入しましょう。余裕があればローズもオススメです♡
レッドはキットのものではなく、ノーテイスティという種類を使ってい
ます。色の感じはそこまで変わりませんが、キットに入っているレッド
は独特の風味があるので風味の変わらないノーテイスティが◎

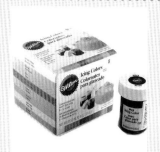

アイシングの着色方法

① ちょいカタのアイシン
グクリームを器に取り分け、
爪楊枝を使ってアイシング
カラーを点々と少量つける。

② スプーンなどを使って
色が均等になるようによく
混ぜる。好みの色になるま
で繰り返す。

③ ライン用にちょいカタ
アイシングを小さじ1程度、
コルネに詰める。

④ ライン用をコルネに詰
めてから、残ったアイシン
グにスポイトで水を足して
固さを調節する。

くすみカラーの作り方

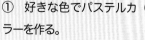 

① 好きな色でパステルカ
ラーを作る。

② ①に黒のカラージェル
をほんの少し加えて混ぜる。
入れすぎると暗くなりすぎ
るので注意。

ベースの色に黒を少し足すとくすみカ
ラー（グレー系）
茶色を足すとアンティーク系のカラー
になります♡原色感を抑えたい時にも
少し加えると輝度が抑えられます。

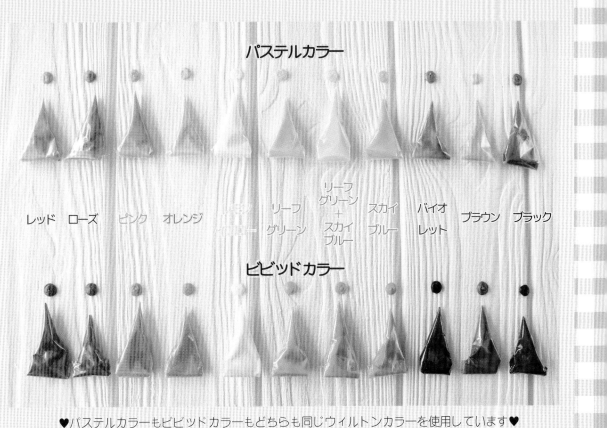

パステルカラー

| レッド | ローズ | ピンク | オレンジ | | リーフ
グリーン | リーフ
グリーン
＋
スカイ
ブルー | スカイ
ブルー | バイオ
レット | ブラウン | ブラック |

ビビッドカラー

♥パステルカラーもビビッドカラーもどちらも同じウィルトンカラーを使用しています♥

アイシングカラーの目安

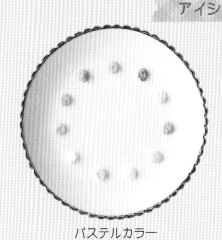

パステルカラー

アイシングクリーム5gに対し、爪楊枝の先
で5点分カラージェルを加えたもの。

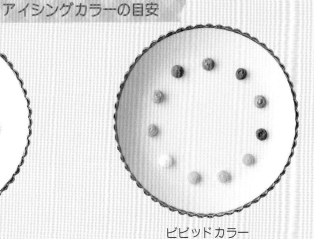

ビビッドカラー

アイシングクリーム5gに対し、爪楊枝の先
で30点分カラージェルを加えたもの。

カラーを見るとわかるように、同じ分量で着色しても発色が良いもの、薄いものがあるのがわかりますね。
ブラックは製造ロットによってパープル系が強く出たり、グリーン系が強く出たりしますが、しっかり
着色して乾かせば真っ黒のアイシングを作ることができます。（リーフグリーン＋スカイブルーのミントカラー
は2：3で入れています♡）

ウィルトンアイシングカラーを使用してはっきりしたレッドとブラックを作るには、他の色よりも多くジェルを加える必要があります。ここではどのくらい入れるかの目安と、ブラックのジェルを使わない着色方法を紹介します。　またカラージェルを混ぜなくても着色済みのアイシングクリーム同士を混ぜるのもOK♡

赤の着色方法

① 　はっきりしたレッドにするにはカラージェルが多く必要。アイスの棒などの幅の広いものを使うと一度にたくさんのカラーが取れて◎

② 　赤の色味を朱色寄りにしたい場合はオレンジを少量足す。ピンク寄りにしたい場合はローズを加えるとニュアンスが変わる。

レッドは**ノーティスティ**がクセがなくておすすめ

アイシング同士を混ぜて色を作る

着色したアイシング同士を混ぜて色を作ることもできる。また濃い色のアイシングを作った後、アイシングを追加して同じカラーの薄い色も作れる。

同じ器で作るので洗い物が少ない！◎

黒のアイシングはアイシングカラーで作る場合と、竹炭パウダーで作る場合があります。黒をカラージェルで作る場合はジェルがたくさん必要なので、塗る範囲が多い場合は竹炭パウダーで作るなど、使い分けるといいですよ♡

黒の着色方法

① 　黒のアイシングカラーの場合は多めに加えて混ぜる。カラーを少なくするとグレーにしかならないので注意。

② 　竹炭パウダーを使う場合は、別の容器にパウダーと水を少量加えてペーストにしておき、アイシングに少しずつ加えて色を調整する。

③ 　直接パウダーを加えた場合は一緒に水も少し加える。混ぜる時に粉が飛び散るので注意！乾燥しやすく、詰まりやすくなるため若干緩めにしておくと◎

天然色素（私の台所）

赤	ピンク	黄	青	緑	紫	茶	黒
ベニコウジより得られる色素です	赤ビートの根より抽出した色素です	クチナシ果実より抽出した色素です	藻類（スピルリナ）より抽出した色素です	クチナシ黄・青を配合した色素です	国産ムラサキイモより抽出した色素です	マメ科タマリンドより抽出した色素です	国産竹炭を100%使用した黒色素です

天然色素とは植物などから抽出された色素です。こちらはパウダー状のタイプで【私の台所】というメーカーはスーパーでも取り扱いが多く手に入りやすいです。ジェル状の物に比べて発色は良くないのですが、小さなお子様用や添加物を気にされる方は揃えておくと良いかもしれません。ビビッドな発色には不向き。また色同士を混ぜて色を作るのにも少し時間がかかります。アイシングに混ぜる際は少量なので味はほぼありません。

フルーツ＆野菜パウダー

パプリカ　クランベリー　にんじん　かぼちゃ　ほうれん草　バタフライピー　紫芋　キャロブ　竹炭

こちらのパウダーはフルーツと野菜を粉末に加工したもの。野菜や果物が丸ごとパウダー化されているため効率よく野菜と果物の栄養を摂取できます♡素材の味がするのでクッキー生地などに混ぜるとほんのり野菜やフルーツの香りが楽しめます。アイシングに大量に加えると味同士で喧嘩することがあるので、こちらもやはり少量でほんのりした色向き。P.80のペット用クッキーの生地に混ぜるとわんちゃん猫ちゃんの美味しいおやつになります♡もちろん野菜が苦手なお子様にも◎カラークッキーなどに使ってもいいですね♡（人間用はココアパウダーでOK）

コルネを切る位置の注意

ライン用のちょいカタコルネと、塗り潰し用のゆるめのコルネは先を切る位置が微妙に違います。

細い線を書きたいときは先に近い部分を切ります。塗り潰しは幅が広いので少し太い部分を切ります。

途中でコルネが詰まってアイシングが出ない場合は新しいコルネに詰め替えてOK♡
切る時は必ず真横に切ること！
（斜めに切るとアイシングが途切れます）

輪郭や細い線を描きたい場合はコルネの先の方2mmくらいの位置を真横に切る。

塗り潰し用のゆるめアイシングのコルネは塗る範囲が広いのでコルネの先から4mmあたりを真横に切る。

Let's make Icing cookies

いよいよアイシングをしていきましょう♡
アイシングクッキーは何度も同じことの繰り返しです！本書では練習なしでいきなりクッキーにアイシングしていきます。
練習で紙にアイシングしてもいいのですが、どうせなら最初から可愛いアイシングクッキーを作っちゃう方が達成感がありますよね♡

アイシングする工程には同じ内容が何度も出てきますが、繰り返し作業をすることでどんどん上手になりますよ♡ LESSON 3 は特に基礎中の基礎！
LESSON 3 の内容がスラスラできるようになれば大抵のデザインは作れるようになります。

誰でも最初はうまくできなくて当たり前。
実はプロのパティシエさんもアイシングは苦手…ということも聞くのですが、私は製菓学校も出ていない独学の異端児です（笑）。とにかくたくさん作っただけなんですよ♡

絵が苦手…というお話もよく聞きますが、クッキー型自体が可愛いものを使うので最初はその輪郭をなぞって中を塗っていくだけで OK ♡
繰り返していくことでコツを掴めばプロのパティシエさんかそれ以上に作れるようになります。なので、ぜひめげずにチャレンジしてください♡

まずは輪郭を綺麗に描けるように練習しましょう♡このラブレタークッキーは白だけなのにとっても可愛いデザインです♡輪郭もまっすぐな線を引くだけなので練習にぴったり♡
ハートのパーツを付けたり、余裕があれば違う色に変えても可愛いです♡線の色だけ変えるのもオススメですよ♡

着色なしでできる♡簡単可愛いラブレタークッキー

LOVE LETTER COOKIES

白アイシングだけで
可愛い♡

✎ ラブレターの作り方

① ちょいカタアイシング
をコルネに入れ、ラブレター
の輪郭を描いていく。

② クッキーをくるっと回
すと描きやすい。
自分の手のクセに合わせて
クッキーを回転させて OK。

③ 輪郭が描けたらはみ出
た部分などを筆で整える。

④ ゆるめアイシングを流
し込む。コルネを使っても
OK。

⑤ 細かい部分や端の方は
ニードル（クッキースクラ
イブ）を使うとやりやすい。
爪楊枝や竹串でも◎

⑥ ゆるめのアイシングが
乾いたら、もう一度ちょい
カタアイシングで輪郭を描
く。

⑦ 写真のように真ん中に
向かってラブレターの線を
引く。

⑧ ラインが乾く前にハー
トを置く。乾いてしまった
場合はハートを置く部分に
ちょいカタアイシングを絞
り、接着する。

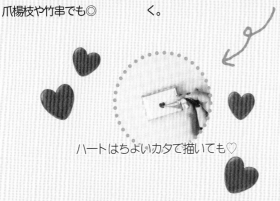

ハートはちょいカタで描いても♡

使うのはこの型!

Ⓐ

購入先は P.81 に記載

線を引くコツ

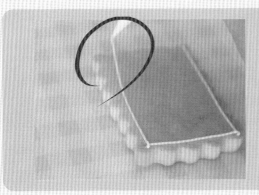

まっすぐな線を綺麗に引くコツは、クッキーの面
からコルネを浮かせて、アイシングをぴゅーっと
出してクッキーの面に置いていくようなイメージ
で描くと綺麗に描ける。
鉛筆のようにコルネを面につけて描くとアイシン
グが途切れてしまい、安定した線にならない。

同じ形のクッキーでもアイシングで描く輪郭を変えるだけで雰囲気が変わります♡ここでは曲線に慣れるために２種類のお花を作ってみましょう♡

同じ型で２種類のお花を作ろう♡

Cute flower COOKIES

曲線を引くコツ

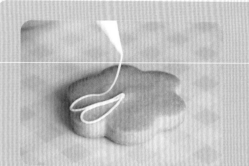

曲線を引くときもコルネの先を浮かせてアイシングを垂らしながら、アイシングの垂れる重さを使ってクッキーの面に置いていくようにする。

細かく曲線を描く場合はクッキーの面ギリギリの位置で浮かせてテンポよく、１つ１つ曲線を完了させて（コルネを着地させるイメージで）描いていく。

お花（大）の作り方

  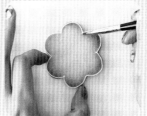 

① ちょいカタアイシングをコルネに入れ、お花の輪郭を描く。

② クッキーをくるっと回すと描きやすい。1回ずつ曲線を完了させるイメージで描く。

③ 輪郭が描けたらはみ出た部分などを少し水をつけた筆で整える。

④ ゆるめアイシングを流し込む。

⑤ ゆるめアイシングを塗り広げる時はニードルを使うと良い。（爪楊枝や竹串でもOK）

⑥ 表面が乾いたら黄色のちょいカタアイシングで花の中心を描く。

⑦ ピンクのちょいカタアイシングを垂直に絞り、半球を作っていく。

⑧ お花のフチから2mmくらい内側に縫い目のような点線をちょいカタアイシングで描いていく。

お花（小）の作り方

① ちょいカタアイシングをコルネに入れ、花びらの輪郭を描く。

② クッキーの1つのカーブの中に1～2個花びらを描く。

③ 花びらを1つ飛ばしで中を塗っていく。ゆるめより少し固いちょいゆるが◎

④ 先に塗った花びらが少し乾いたら残りの花びらを塗る。

⑤ 花びらが乾いたら黄色のちょいカタで花の中心を絞る。

⑥ 表面が乾いたらピンクのちょいカタアイシングで中心の周りに垂直で半球を絞る。

⑦ ツノが立っている部分は少し水をつけた筆でならす。

Ⓕ

購入先は P.81 に記載

使うのはこの型！

アイシングクッキーは色使いがとっても大事！カラフルで可愛いカラーが作れればアイシングクッキーはさらに魅力的になります♡
ここでは曲線の復習と共に可愛い色を作ってみましょう♡たくさんカラーを作るのは大変ですが、1つのカラーで濃淡を作れば2色になりますし、作った色に別のカラーを足せばまた違う色ができます。色同士を合わせてカラバリを作りましょう♡

2色のカラージェルだけで複数カラバリを作ろう♡

CANDY HEARTS COOKIES

２２ページ、２３ページの着色方法を参考に可愛いカラーを作ってみましょう♡
もう1度着色方法をおさらいします♡

カラバリを作ろう

このページで使うカラーはローズとスカイブルーの2色のみ♡

濃い色を作った後、同じ器に白のアイシングを足して薄い色を作ると同じ器で2色作ることができる。

同じく水色を作った後の器にピンクのアイシングを混ぜるとパープルを作ることができる。

濃いピンクから作るよ

キャンディーハーツの作り方

① ちょいカタアイシングでハートの輪郭を描く。曲線は半分ずつ止めて描くと綺麗に描ける。

② 輪郭が描けたら筆ではみ出たところやぷっくりしすぎた部分を直す。

③ ゆるめアイシングで塗る。小さいハートはコルネを使うとぷっくり綺麗に塗れる。

④ スプーンで流し込んだ時はニードルを使って広げると綺麗に塗れる。

⑤ 表面が乾いたらピンクのちょいカタアイシングで端から2mmくらい内側にハートの輪郭を描く。

⑥ ちょいカタアイシングで文字を描く。

購入先は P.81 に記載

使うのはこの型!

LESSON 3までのデザインがいわゆるアイシングの基礎となります。基礎をしっかり身に付けることでどんどん可愛いアイシングクッキーが作れるようになります♡
コツはとにかくたくさんアイシングすること！たくさん作って慣れることが上達の近道♡
このページでは絞り方（パイピング）をおさらい＋できるとよりデザインの幅が広がる絞り方を紹介します。
どれも簡単なのでぜひデザインに取り入れてみてください♡

アウトライン

29ページにも記載している直線を引くことは基本中の基本。コルネをクッキー面から浮かせてアイシングを落としながら、置いていくイメージで絞る。
クッキーに輪郭を引いていくことをアウトラインを描くという。

塗り潰し

輪郭を描いた後、ゆるめアイシングで中を塗ること。塗る範囲が広い場合はスプーンでそのまま流し込んだり、コルネに入れて塗ってもOK。端や細い部分はニードルや爪楊枝を使って。溢れないように注意。

なじみ模様

ゆるめアイシングで塗り潰した後、表面が乾かないうちに同じくゆるめのアイシングを絞ると、表面がフラットな柄ができる。アイシング用語でwet on wetという。注意点は表面が乾く前にアイシングを落とすこと、ゆるめの濃度が違うと滲んでしまうので、同じゆるさにすること。垂直に絞るとドット柄になり、線を引けばストライプになる。

パール絞り

31ページのお花でも使った半球を絞るというパイピング。コルネを垂直に立てて絞る。ツノが立ちやすいので少し水で湿らせた筆でならすと良い。縁取りにも使える装飾にぴったりな絞り方。小さく絞る半球の大きさを変えるだけでかなりアレンジできる。

ぷっくり絞り

ベースのアイシングが乾いてからちょいカタ or ちょいゆるを上から重ねる絞り方。名前の通りぷっくり立体感を出したい部分に使う。本書でもよく出てくるくまちゃんの顔やお花の中心などに◎

ぺたぺた塗り

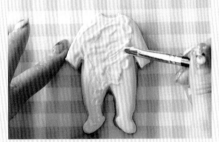

ベースのアイシングが乾いてからゆるめ or ちょいカタを置いて、水で湿らせた筆でトントンぺたぺたしながら伸ばしていく。ゆるめだと柔らかい質感、ちょいカタだともこもこが強く出る。デザインに合わせて使い分けて。

口金フリル絞り

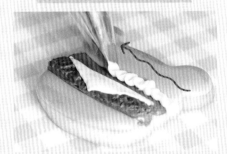

バラ口金というしずく型の口金でギザギザしながら絞る。クッキーの面と口金の角度を45度で、口金はしずく型の広い部分を下向きにする。

もこもこ絞り

ケーキや雲などのふわふわもこもこした質感を出すための絞り方。フラットに塗らずあえてコルネの跡を残すイメージでクルクルと小さい円を描くように絞る。アイシングの固さはちょいゆるで周りとなじまず筋や跡が残るくらいの固さ。

しずく絞り

コルネを斜めに倒しながら絞るしずく絞り。簡単で素早くできるので少し装飾したい時や縁取りなどに◎
グッと出してスッと引く感じを意識して。アイシングの固さはちょいカタ。

口金ローズ絞り

星口金を使うローズ絞り。本書ではケーキやアイスのクリームをイメージして使用。口金を垂直に立て、くるっと1回転させながら絞る。アイシングはカタめ。

アイシングを乾かすコツ

アイシングを乾かす時にはフードドライヤーがあると便利です♡（ドライフードメーカー）温度調節機能とタイマーがついているものがオススメ♡丸型や四角型、オーブンのような前が開くタイプのものがあります。

使い方

ゆるめアイシングを流し込んだら一旦フードドライヤーで乾かす。３５度程度の温度で１５分を目安に乾かし、一旦おろす。これを繰り返す。
完全にアイシングが乾くまでに３時間～６時間ほどかかる。（湿度や季節、クッキーの大きさなどで変わります）

長時間フードドライヤーにかけるとアイシングした部分にヒビが入ったり、割れる原因になります。
またフードドライヤーの温度が高すぎるとクッキーからバターの油分が溶け出てしまい風味が悪くなってしまうことや、白いアイシングの部分が黄ばんでしまうことも。
トレータイプのものは上段と下段で温度が多少変わるため、時々トレーを入れ替えるなどして一部分だけに温風が当たらないように注意しましょう♡

アイシング作業を中断する時

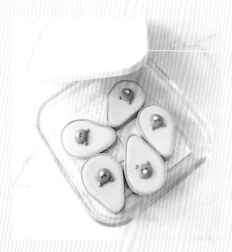

アイシングを途中まで行い、残りは翌日に…、と中断して作業を持ち越すことがあります。
この場合はお皿ではなく蓋つきの容器に乾燥剤をたっぷり入れて、そこにアイシングクッキーを入れて常温で保管しましょう♡冷蔵庫保存は次に出した時に結露するので NG。
表面がしっかり乾いていれば重ねても OK。乾燥剤の量は次のページに詳しく記載しますが、少ないと湿気てしまうのでたっぷり入れてくださいね。またシート乾燥剤の場合は一度開封して時間が経つとフニャフニャになり、使えなくなります。
おせんべいなどに入っている大きめの乾燥剤を再利用しても◎（醤油せんべいなどは香りに注意です笑）

アイシングクッキーの保存方法

完成したアイシングクッキーは早めに個包装します。
個包装にぴったりなのがテープ付き OPP 袋とシート乾燥剤。
クッキーの大きさに合わせて複数サイズ用意しておくのがベスト♡テープ付きの袋ならシーラーをしなくてもぴったり封をすることができます。テープ無しの袋を使用する場合は必ずシーラーを使うこと。すぐに開封する場合はテープを貼るだけでも良いですが、見た目はもちろん衛生面でもしっかり封をしておくと湿気なくて安心です♡

乾燥剤の選び方

シート乾燥剤の選び方はクッキーの重さにより異なります♡計算式は以下の通り。一般的には **5×6 (cm)** や **8×9 (cm)** と記載されているので、クッキーに合った乾燥剤を使用しましょう。大体はクッキーの縦横の大きさで台紙になるようなサイズ感を選べば大丈夫です♡包装している間に乾燥剤が湿気ていくので作業は1時間以内に済ませましょう。開封後はジップ付き袋に入れて常温暗所で保存します。
また乾燥剤とよく似た見た目の脱酸素剤。こちらは乾燥させるものではなく食品の酸化を防ぐものです。
しっとり保存したいものや油脂の多いお菓子に使用するのでアイシングクッキーには使いません。
よく似ているのですが別物なので注意しましょう♡

シート乾燥剤の面積 (c㎡)= お菓子の重さ (g)÷1.5(係数)

例) クッキーの重さが54g の場合
54g÷1.5=36c㎡
シート乾燥剤6×6以上のシートを選びます◎

シート乾燥剤

吸湿性のある素材をラミネート加工したシート状の乾燥剤。一般的な紙よりもしっかりしているためクッキーの台紙代わりにもなる。湿気るとフニャッとして皺ができる。

シリカゲル

ビーズタイプの乾燥剤。複数が一緒になったお菓子向き。ビーズの色が変化するので乾燥効果が目に見える。色が変わった後でも他の乾燥剤と入れておくと効果が復活する。

How to make Kawaii cookies

LESSON 4からは色々な可愛いデザインのアイシングクッキーを作っていきましょう♡
型同士を組み合わせたり、部分的にカットしたりして同じ型から違うクッキーの形を作った
りもしますよ。もちろんここに載せている型はどれも購入できるものばかり！

私が3Dプリンターで作ったものもありますが、普通にお店で売っているものや、クッキー
型を作っている作家様のショップで購入したものだったりと、皆さんも手に入る型で作って
います。購入先もP.81に記載していますからぜひ見てくださいね♡

型がなければナイフでカットしても良いのですが、クッキーの断面をシャープに揃えたいの
でクッキー型を使うのをオススメします。デザインの参考にしているものをよく聞かれるの
ですが、海外のおもちゃや子どものおままごとセット、小さなお人形やミニチュアフード、
可愛いお菓子やカラフルなキャンディだったり、そのパッケージだったり、可愛いシールや
柄物の包装紙、色鮮やかなコスメや形の可愛い香水瓶、洋書のレシピ本も見ているだけでト
キメいちゃいます♡　他人から見たら必要無い物でも私にとっては貴重な可愛さ補給とセン
スを補う栄養です♡

いつでも可愛い♡に触れていると、感性がどんどん養われるので皆さんもたくさんの可愛い
♡好き♡という気持ちを大切に。どんどん増やしてください♡

LESSON 4では momocream でおなじみで大人気のくまちゃんのお顔を作ってみましょう♡
シュガーペーストを使った立体パーツの作り方も学びます。販売用のくまちゃんはオリジナルの型
を使っていますが、本書では可愛いくまちゃんのお顔型が作家様のネットショップで見つかったの
でそちらで作りました♡

くまちゃんのお顔をマスター♡

CUTE KUMACHan COOKIES

型はコレ♡

Ⓑ

使用型は P.81

① 茶色のちょいカタで輪郭を描く。

② ゆるめアイシングを流し込む。

③ 表面が乾いたら白のちょいカタアイシングで鼻周りを絞る。

④ 鼻にハートのスプリンクルを置き、目を描く。目は鼻の真横あたりに描くと可愛い♡

⑤ それぞれの色のちょいカタで耳の中、目、眉毛を絞り、ほっぺと口はアイシングにジェルを少し混ぜてペイントする。

⑥ シュガーパーツをつける時はつける場所にちょいカタアイシングを絞って接着する。

HELLO

パーツを乾燥させて保存しておくと便利

シュガーペーストの使い方

① シュガーペースト（フォンダン）を10g程とり、カラージェルを少しずつ爪楊枝で加えてよく捏ねる。

② シリコンモールドに少しコーンスターチをまぶし、シュガーペーストを型に入れて指でトントンとして綺麗に収める。

③ 型からはみ出ると綺麗なパーツにならないので、シュガーペーストの量は少なめで。

④ シュガーペーストの保存はラップでしっかり包み、ジップ付き袋に入れて保存する。着色後の物はそれぞれラップでしっかり包む。

LESSON 3 まで作ることができればアイシングクッキーに必要な基礎は完璧♡
あとはどんどん可愛いデザインを作っていきましょう♡ここからのページは基礎をさらに詰めながら
色々なデザインを作っていきます♡細かい部分や何回も同じ手法が出てきますが、可愛いアイシング
クッキーを作る近道なのでたくさん練習しましょう♡

１つのクッキー型で違うデザインを作ろう♡

Avocado and Egg COOKIES

型はコレ♡

©

使用型は P.81

アボカドくまちゃんの作り方

① 濃いグリーンのちょいカタアイシングで輪郭を描く。コルネの先は少し太めに切る。

② 黄緑のゆるめアイシングを流し込む。

③ ニードルや爪楊枝を使って全体に伸ばしていく。コルネを使ってもOK。

④ 表面が乾いたらもう一度濃いグリーンで輪郭を描く。（皮の部分になるよ）

⑤ 茶色のちょいカタアイシングで種の部分を描く。（種の部分がくまちゃんに♡）

⑥ パール絞り*¹で耳を絞る。

_____

＊1) 34ページ参照。

⑦ くまちゃんが乾いたら表情を描く。口などの細かい部分は細い筆を使ってペイントする。

同じ型でタマゴの作り方

① タマゴの殻はアボカドと同じ型で抜いた後、ラブレターの型でギザギザにカットして焼く。

② 白のちょいカタアイシングで輪郭を描く。

③ ゆるめアイシングで中を塗り潰す。

④ タマゴはアボカド型のまま白のちょいカタでそのまま輪郭を描く。

⑤ ゆるめアイシングで中を塗る。

⑥ 黄色のちょいカタアイシングでタマゴの黄身を作る。

PIYO PIYO

LESSON 6 からは色々な型を組み合わせてアイシングクッキーセットを作っていきます。
１種類のクッキーだけより、複数のデザインが組み合わさっている方がより可愛くデザインが際立ちます♡
この LESSON では型同士をアレンジしてクッキーを作る方法や立体感を出すペイントの方法を学びます♡

クッキー型を組み合わせてデザインを変えよう♡

Hamburger Shop COOKIES

① ハンバーガーの型で クッキー生地を抜く。

② くまちゃんの耳の部分 を口金の反対側で抜く。

③ ハンバーガーと口金で 抜いた耳を並べて指で接続 部分をならす。

④ 焼く時に爪楊枝を挿し てこのまま焼く。

くまちゃんバーガーの作り方

① ベージュのちょいカタ アイシングで輪郭を描く。

② ベージュのゆるめアイ シングを流し込む。

③ トマトとハンバーグの 部分の輪郭を描く。

④ トマトの部分をゆるめ のアイシングで塗り潰す。

⑤ トマトの表面が乾いた らハンバーグ部分を塗り潰 す。

⑥ ハンバーグの表面が乾 いたらぺたぺた塗り*1 をす る。

*1）３５ページ参照。

⑦ ハンバーグ部分が乾い たらちょいゆるでチーズを 描く。

⑧ フリル絞りでレタスを 絞る。

⑨ パンの部分に焼き色を つける。（４６ページ焼き色ペ イント参照）

⑩ 最後にくまちゃんバー ガーのお顔やごまの部分を ちょいカタアイシングで描 く。

ハンバーガーも 工程は同じ♡

✎ ピザの作り方

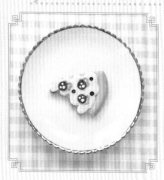

① ベージュのちょいカタアイシングで輪郭を描く。

② ベージュのゆるめアイシングを流し込む。

③ ②が乾いたらピザの耳の部分にゆるめアイシングを流し込む。

④ 表面が乾いたらちょいゆるアイシングでチーズを描く。

⑤ ピザの耳の部分に焼き色をつける（焼き色ペイント参照）。

⑥ 41ページのシュガーペーストの使い方を参考に赤のペーストを伸ばしてストローなどで丸く抜く。

⑦ ちょいカタアイシングでピザの具材を描く。

焼き色ペイントの方法

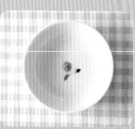

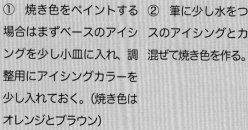

① 焼き色をペイントする場合はまずベースのアイシングを少し小皿に入れ、調整用にアイシングカラーを少し入れておく。（焼き色はオレンジとブラウン）

② 筆に少し水をつけベースのアイシングとカラーを混ぜて焼き色を作る。

③ 少し水をつけた筆で焼き色をつけたい部分にトントンと塗っていく。キッチンペーパーで色の濃さと水分量を調整する。

④ 最初はごく薄く着色し、徐々に色を重ねて焼き色を濃くしていく。水分量はカサカサくらいでOK。

 ポテトの作り方

① 赤のちょいカタアイシングでポテトのカップの輪郭を描く。

② ゆるめアイシングを流し込む。

③ ②が乾いたらポテトの部分の輪郭をちょいカタアイシングで描く。

④ ポテトの中をゆるめアイシングで塗り潰す。

⑤ 表面が乾いたらカップとポテトの輪郭を1本ずつ描く。

いらっしゃいませー

細いラインはちょいカタが描きやすい

ジュースの作り方

① 白のちょいカタアイシングで輪郭を描く。

② ジュースの蓋以外をゆるめアイシングで塗り、乾く前に赤のちょいカタでラインを描く。

③ 蓋を塗り、乾いたら模様と、ストロー、文字をそれぞれちょいカタアイシングで描く。

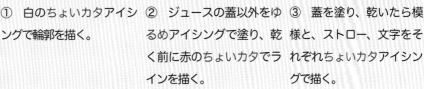

wet on wet のコツ

工程②で表面が乾いてから線を描くと平面にならないので注意♡塗り潰してから素早く線を描き切るのがコツ♡

くまちゃん店員の作り方

① 茶色のちょいカタアイシングで輪郭を描く。

② 白のちょいカタアイシングでエプロンの輪郭を描く。

③ エプロンのストライプを描き込む。

④ 白のちょいゆるアイシングでストライプ部分を1つ飛ばしで塗る。

⑤ ④の表面が乾いたら赤のゆるめアイシングを塗っていく。

⑥ エプロン部分が乾いたらくまちゃんの足と手をちょいカタアイシングで描く。（小さい部分なのでちょいカタのみでぷっくり仕上げる）

⑦ 黄色のちょいカタアイシングでエプロンの飾りを描く。

⑧ ちょいカタアイシングでくまちゃんの顔とサンバイザーを描く。

お顔は41ページ参考

POINT

サンバイザーは太めに切った赤のちょいカタで輪郭を取り、中を白のちょいゆるでぷっくり塗る。

エプロンのストライプはラインを二重に重ねると横の色と混ざりにくい。

爪楊枝とお好きなマスキングテープで簡単なピックを作ってみましょう♡焼く時にクッキーに爪楊枝を刺して焼けば後から差し込めます♡お弁当などの飾りにもどうぞ♡

簡単ピックの作り方

① マスキングテープを3cm程度に切り中心に爪楊枝を貼る。

② 半分に折る。

③ ハサミで旗の部分を三角に切る。

④ くまハンバーガーの穴にちょいカタアイシングを入れる。

⑤ 乾く前に穴にピックを刺す、長い時はハサミ等でカット♡

お弁当にも♡

MENU

- KUMA Burger
- POTATO
- Drink
- Pizza

少々おまちください

いそがしっ

いそがしっ

LESSON 7ではベビーモチーフを作りながらくすみ系カラーを学びます♡
色鮮やかなイメージのあるアイシングクッキーですが、原色だけでなくここ数年の流行のくすみ系カラー
が作れると作品の幅が広がりますよ♡ニット風パイピングも男女共に使えるデザインなのでプレゼント
にも喜ばれますね♡

くすみ系カラーで海外風ベビーモチーフ♡
BABY DREAM COOKIES

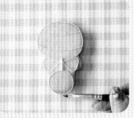

① ベビーラトルをパーツ分けをしてそれぞれちょいカタで輪郭を描く。

② それぞれのパーツをゆるめアイシングで塗っていく。

③ ②が乾いたらラトルの真ん中部分にちょいカタアイシングでフリルを描く。

④ シュガーペーストを着色し（41ページ参照）、型抜きしたものをつける。

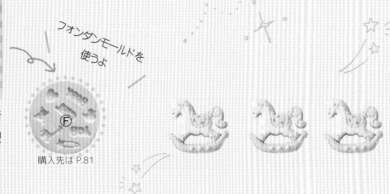

フォンダンモールドを使うよ

Ⓕ

購入先は P.81

22ページで掲載しているくすみカラーの作り方をもう少し詳しく説明しています♡ここではピンクをベースに作りますが、ブルー系、黒のアイシングカラーでグレー系も作れます♡

器は洗わなくて OK

くすみカラーの作り方

① ちょいカタアイシングをローズで薄く着色し、ちょいカタ、ゆるめをそれぞれ作りコルネに詰めておく。

② コルネに詰めた後、ピンクが残った状態で新たにアイシングクリームを入れ、ほんの少し黒のアイシングカラーを足す。

③ よく混ぜるとピンクがくすみ系のダスティピンクになる。もう少しピンクよりにしたい場合はローズを少し加えても良い。

④ ピンクから作り、薄いピンク→くすみピンク→グレー→薄いグレー…という風にニュアンスを変えていくと少ない器で複数の色が作れる。

ロンパースの作り方

① 薄ピンクのちょいカタアイシングで輪郭を描く。

② ゆるめアイシングを流し込む。

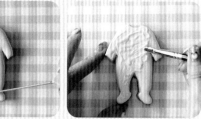

③ 表面が乾いたら薄ピンクのゆるめアイシングを筆でぺたぺた塗り*¹をする。

―――――――――

*1）　35ページ参照。

④ 薄いグレーで襟と合わせの部分を描き、星のパーツをつける。

星のパーツは
100円ショップにあるよ

twinkle

twinkle

ベビー 木馬の作り方

① 木馬の輪郭をそれぞれパーツを分けて描く。

② 白、グレー、薄いピンクのちょいカタアイシングでそれぞれ描く。

③ それぞれのパーツにゆるめアイシングを流し込む。

④ 表面が乾いたらくすみピンクのちょいカタアイシングで鬣と尻尾を描く。

⑤ グレーのちょいカタアイシングでフリルと口輪を描く。

⑥ 顔と背中の部分に目と柄をペイントし、星のパーツをつける。

流れ星の作り方

① グレーのちょいカタアイシングで輪郭を描き、ゆるめで中を塗りつぶす。

② ちょいゆるアイシングで大きくしずく型を絞る。（各ピンク、白、薄いピンク）

③ 表面が乾いたら白のちょいカタアイシングで雲を描き、しずく絞りで縁取り*¹ をする。

＊1） 35ページ参照。

哺乳瓶の作り方

① 白のちょいカタアイシングで輪郭を描き、ミルクのしずくを描く。

② 先の部分をピンクのちょいカタで絞り、ミルクの部分をゆるめアイシングで塗り潰す。

③ 表面が乾いたらグレーのちょいカタで哺乳瓶のキャップを絞り、目盛りを描く。

スタイ（よだれ掛け）の作り方

① スタイの輪郭をちょいカタアイシングで描く。

② ゆるめアイシングを流し込む。

③ フリルの部分にちょいカタアイシングでラインを描く。

④ 表面が乾いたらフリルをちょいカタアイシングで描く。

⑤ 最後にくまちゃんを描く。（パーツを乗せてもOK）

dreamy…

複雑に見えるニットパイピングも実は簡単なんです♡
ぷっくり美しいラインやドット、円を組み合わせること
でニットの表現ができますよ♡

ニットパイピングの描き方

① 白のちょいカタアイシングで輪郭を描く。

② ゆるめアイシングで中を塗りつぶす。

③ 表面が乾いたら白のちょいカタアイシングで線対称に2本ずつ線を描く。

④ 線の横に小さくドットを絞る。

⑤ ④で描いたドットの横に縦線を1本描く。

⑥ しずくを斜めに絞りハートを描く。コツはコルネを斜めにスッと引くと綺麗なしずく型ができる。

⑦ 反対側もスッと引くようにしずくを絞りハート型にする。

⑧ ハートを連続して描く。

⑨ 中心部分に太めに輪を描く。

⑩ 輪を鎖のように繋いでいく。

⑪最後にもこもこ絞り*1をして完成。

*1）35ページ参照。

お帽子も同じイメージで描いてみてね♡色を変えたり、線の組み合わせを変えてもOK♡線はあくまでも一例なのでアレンジしてみてね♡

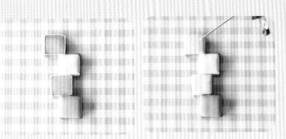

BABY ブロックの作り方

① ブロックの輪郭をそれぞれのちょいカタアイシングで描く。

② ブロックの中を1つ飛ばしながらゆるめアイシングを塗る。

③ ②で表面が乾いたら残りのブロックの中を塗る。

④ 表面が乾いたら各ちょいカタアイシングで文字と縁取りを描く。

BABY くまちゃんの作り方

① グレーのちょいカタアイシングで顔とボディ、足の輪郭を描く。

② ゆるめアイシングで中を塗りつぶす。

③ 表面が乾いたらパンツの輪郭を描き中を塗り潰す。

④ 白のちょいカタアイシングでパンツにフリルを描く。

⑤ ボディ部分に哺乳瓶と手を描く。(それぞれちょいカタアイシング)

⑥ 各ちょいカタアイシングでくまちゃんの顔を描く。

LESSON 8ではアイシングで小さいネイルサイズのパーツを作る技術を学びます♡
アイシングで先にパーツを作り、乾かしてからクッキーにのせますよ♡保存も可能なので何か物足り
ない時などにさっと使えて可愛くなります♡

シュガーパーツで可愛くデコレーション♡
IceCream Wagon COOKIES

アイシングパーツの作り方

アイシングのシュガーパーツは全てちょいカタで作ります♡最初に厚紙か下敷きに OPP シートをテープでつけて、その上に絞りましょう♡
完全に乾いたらシートから剥がし、乾燥剤を入れて蓋つき容器や瓶に入れて保存すれば OK ♡

アイスクリームパーツ

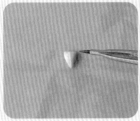

① OPP シートの上にちょいカタアイシングでコーンを描く。

② アイスの部分を絞る。

③ アイスが乾いたらとろーり部分を絞る。

④ 最後に赤でチェリーをちょんっと絞る。

くまちゃんパーツ

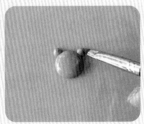

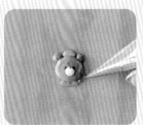

① 茶色でくまちゃんのベースを描く。

② ツノが立った部分は筆で軽くならす。

③ 顔を描く。

④ ワゴンのくまちゃんは③が乾いたら帽子とスカーフを描く。（手はワゴンにのせてから描くよ♡）

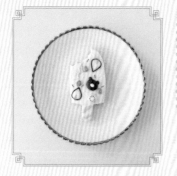

アイシングでフルーツパーツを作ってみましょう♡パーツは乾燥させて使うので、先に作っておくと良いですよ♡
薄く作ると剥がす時に割れることがあるので少し厚めに作りましょう♡

苺パーツ

① 赤のちょいカタアイシングで苺の輪郭を描く。下の部分だけ少し太めに描く。

② 中を白のちょいゆるアイシングで塗る。

③ しっかり乾いたら少し水で湿らせた筆で赤い部分から芯の部分をぼかしていく。

パイナップルパーツ

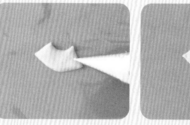

① 黄色のちょいカタアイシングでパイナップルの輪郭を描く。

② 中をちょいゆるアイシングで塗り潰す。

③ 乾いたら輪郭とスジをちょいカタで描く。

キウイパーツ

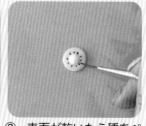

① ミントグリーンのちょいカタアイシングで丸を絞る。

② 中心に白のちょいゆるアイシングを落とし込む。

③ 表面が乾いたら種をペイントする。

アイスキャンディーの作り方

① アイスキャンディの輪郭を描く。棒の部分はストライプにする。

② ゆるめアイシングで棒をストライプに塗り分け、アイスの部分は薄い色で3色塗り込む。

③ ニードルでくるくると混ぜながら塗り広げる。

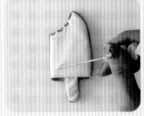

④ 色の境目を細かく動かしながらなじませると綺麗なグラデーションが作れる。

⑤ グラニュー糖を表面が乾く前にまぶす。

⑥ フルーツパーツをバランスよく配置し、ちょいカタアイシングで接着する。

ソフトクリームの作り方

① ちょいカタアイシングで輪郭を描く。クリーム部分も線を入れておく。

② ゆるめアイシングでコーンを塗り、クリーム部分は1つ飛ばしで塗る。

③ ②の表面が乾いたらクリーム部分の残りを塗る。

④ クリームのとろりん部分をちょいカタアイシングで描く。

⑤ 乾いたらコーンの模様やトッピングをちょいカタアイシングで描く。

ICE CREAM

2段アイスの作り方

① コーンの輪郭をちょいカタアイシングで描く。

② ゆるめアイシングでコーンの中を塗りつぶす。

③ 表面が乾いたらちょいカタアイシングでコーンの模様を描く。

④ アイス1段目の輪郭をちょいカタアイシングで描く。

⑤ アイスの中をゆるめアイシングで塗り、乾く前にドットを落とす。

⑥ ドット以外の柄でもOK！（ここでは線を引いています。）

⑦ 柄を入れたらアイスのもこもこをちょいカタアイシングで描く。

⑧ 2段目のアイスの輪郭をちょいカタアイシングで描く。

⑨ 2段目のアイスをゆるめアイシングで塗りつぶす。

⑩ ⑤と同じように乾く前に柄を入れる。

⑪ もこもこ部分とトッピングをちょいカタアイシングで描いて完成♡

　2段アイスは色の組み合わせでバリエーションがたくさん作れます♡1つずつ仕上げるのではなく、全体をイメージして作業を同時進行して作っていきます。
なじみ模様（wet on wet）はスピードが重要！表面が乾く前にアイスの柄を完成させましょう♡

トッピングアイスの作り方

① アイス、コーン、スリーブを色分けして、ちょいカタアイシングで輪郭を描く。

② ゆるめアイシングでそれぞれ塗りつぶす。

③ 表面が乾いたらちょいカタアイシングでアイスのもこもこを描く。

④ コーンとスリーブに模様を描く。(ちょいカタアイシング)

⑤ アイスが乾いたらちょいカタアイシングでチョコを描いてトッピングをのせる。

♥ ３５ページの口金ローズ絞りを使うとトッピングのクリームが絞れます♡

♥ ローズ絞りが固まる前にチョコレートボールをのせて完成♡

アイスクリームワゴンの作り方

① ワゴンのタイヤ以外の輪郭をちょいカタアイシングで描く。

② ゆるめアイシングで看板と窓の部分を塗る。看板は線を入れておく。

③ ちょいカタアイシングでタイヤを絞る。

④ 窓の上に屋根の輪郭を描く。

⑤ 屋根の部分にちょいゆるアイシングを塗る。(ゆるめよりぷっくり仕上がります♡)

⑥ 窓やタイヤをちょいカタアイシングで装飾する。

⑦ アイシングパーツをのせたり文字を書いて完成♡

LESSON 9は個人的に大好きなおままごと風のデザインにしてみました♡
クッキーとしてはかなり小さいサイズの麺棒や泡立て器ですが、小さいクッキーも丁寧に仕上げましょう
♡お顔を描けば海外風のKAWAIIクッキーの出来上がりっ♡
キッチンのデザインなので母の日プレゼントにもおすすめですよ♡

ミニチュアみたいでとっても CUTE ♡

KAWAII Kitchen COOKIES

ボウル and 泡立て器の作り方

① ボウルとクリームの輪郭をそれぞれちょいカタアイシングで描く。

② ゆるめアイシングをボウルの部分に流し込む。

③ ②が乾いたらクリーム部分にもゆるめアイシングを流し込む。

④ トッピングをちょいカタアイシングで描き、お顔をペイントする。

⑤ 泡立て器は持ち手の輪郭を描き、少し太めに切ったコルネでウィスクを描く。（ちょいカタアイシング）

⑥ ちょいカタアイシングでクリームをぷっくり絞る。

オーブン天板 and 麺棒の作り方

① ちょいカタアイシングで輪郭を描く。

② ゆるめアイシングを流し込む。

③ ②が乾いたら、トレーの輪郭を描き、好きなアイシングパーツをちょいカタアイシングで接着する。

④ 麺棒の輪郭をちょい型アイシングで描く。（持ち手と本体は別カラーにしています♡）

⑤ それぞれを塗り分ける。

⑥ 乾かないうちに細く茶色のアイシングでラインを描き木目をつける。

57・58ページを参考にパーツを作ってみてね♡

✎ エプロン and ミトンの作り方

① ちょいカタアイシングで輪郭を描く。

② ゆるめアイシングを流し込む。

③ ②が乾いたらちょいカタアイシングでフリルを描く。

④ 赤のちょいカタアイシングでランダムにチェリーを絞り、フリルの上にギザギザを絞る。

⑤ 緑のちょいカタアイシングで小さいしずくを絞り、チェリーの葉を描く。

HOME MADE COOKIES

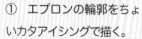

① エプロンの輪郭をちょいカタアイシングで描く。

② ゆるめアイシングを流し込む。

③ スカート部分にエプロンの輪郭を重ねる。

④ エプロン部分にゆるめアイシングを流し込む。

⑤ ちょいカタアイシングでスカートのフリルと、胸当てのフリルを描く。

⑥ ギザギザ絞りを重ねる。

⑦ ハートのポケットをちょいカタアイシングで描く。

⑧ ポケットに縫い目をペイントする。

① ちょいカタアイシングで輪郭を描く。

② ゆるめアイシングを流し込む。

③ ②が乾いたら冷蔵庫の輪郭、ドアの取手をちょいカタアイシングで描き、顔をペイントする。

スタンドミキサーの作り方

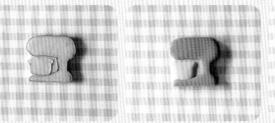

① ちょいカタアイシングで本体とボウル部分を色分けして輪郭を描く。

② ゆるめアイシングをそれぞれ流し込む。

③ ②が乾いたら輪郭を描き、顔をペイントする。

オーブンの作り方

① ちょいカタアイシングで輪郭を描く。

② オーブンの窓部分にゆるめアイシングを流し込む。

③ ②が乾いたら本体にもゆるめアイシングを流し込み、窓部分に線を入れてツヤ感を出す。

④ 表面が乾いたらちょいカタアイシングで輪郭を描く。

⑤ オーブンの取手などのパーツをちょいカタアイシングで描く。

⑥ 顔をペイントする。

65

LESSON 10 も LESSON 9 の続編というわけで、こちらではお皿ではなくリアルお弁当箱におかずモチーフを詰めてお弁当アイシングクッキーを作ります♡
おままごとみたいだけど少しリアルな質感をアイシングで作りましょう♡平らなアイシングクッキーを深さがある器に上手に盛り付ける方法も載せました♡

おもちゃみたいだけどちょっぴりリアル！？

CUTE OBENTO COOKIES

おにぎりの作り方

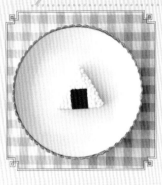

① 白のちょいカタアイシングで輪郭を描く。

② ゆるめアイシングを流し込む。

③ 黒で着色したシュガーペーストを薄く（2mm程度）伸ばす。

④ ローラーカッターで幅1cm長さ2cm程度の長方形にカットする。

⑤ 透明の高アルコール（ジン、白ラム酒）を海苔を貼る部分に少し塗り、④をのせる。余った部分はカットする。

⑥ ちょいカタアイシングでお米のつぶつぶを描く。

TOMATO

OBENTO

シュガーペースト（フォンダン）を広い面に貼り付ける時は無色の高アルコールを使います。（ジン、ウォッカ等）
ラム酒を使用する時はダークラムだと色がついてしまうので白ラムを使いましょう♡塗った後揮発するので食べる時に風味は感じませんからご安心ください♡フルーツリキュールは糖分でべたつくのでNG。

卵焼きの作り方

① 黄色のちょいカタアイシングで輪郭を描く。

② ゆるめアイシングを流し込み、乾く前に焼き色用のゆるめアイシングでうずまきを描く。

③ 赤のちょいカタアイシングでケチャップを描く。

ハンバーグとエビフライの作り方

① ちょいゆるアイシングでくるくるとコルネを動かしながらハンバーグを塗っていく。

② 表面が乾いたらちょいゆるアイシングでケチャップの部分を絞り、ツヤを白のちょいカタアイシングで入れる。

③ エビフライは赤のちょいカタアイシングで尻尾の部分にハートを絞る。

④ 衣の部分はちょいゆるでくるくるしながら絞っていく。

輪郭をとらないから
とっても簡単♡

プチトマト＆ブロッコリーの作り方

① ちょいカタアイシングで輪郭を描く。

② ゆるめアイシングを流し込む。

③ ヘタの部分をちょいカタアイシングで描き、トマトにツヤを入れる。

④ ブロッコリーは茎の部分を先にちょいカタアイシングで描く。

⑤ ちょいゆるアイシングのグリーンでくるくるしながら塗っていく。

⑥ ⑤で使ったちょいゆるアイシングで小さくドットを描く。

♥色を変えてオレンジトマトにしても◎

うずらひよことたこさんウインナーの作り方

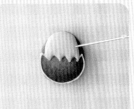

① 黄色と白のちょいカタアイシングでそれぞれ輪郭を描く。

② ゆるめアイシングをひよこの部分に流し込み、乾いたらカラの方も流し込む。

③ 各ちょいカタアイシングでひよこのお顔や、卵のカラの輪郭をもう一度上から描く。

TAKOchan

④ たこさんの輪郭をちょいカタアイシングで描く。

⑤ ゆるめアイシングを流し込む。

⑥ 各ちょいカタアイシングでお顔とハチマキを描く。

えんどう豆の作り方

① ちょいカタアイシングで輪郭を描き、豆の部分を先に絞っておく。

② 豆の部分が乾いたら上からゆるめアイシングをかけるようにして流し込む。

③ 表面が乾いたらちょいカタアイシングで筋の部分を描く。

ポコポコを出すコツ

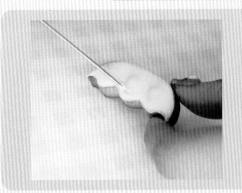

境目なくポコポコさせる塗り方のコツはぽこっとさせたい部分をしっかりちょいカタで作っておき、その上からかけるようにしてゆるめアイシングを塗っていきます。
緩すぎると溢れやすく、固いままだとポコポコが綺麗に出ないのでゆるめアイシングの濃度に注意してくださいね♡

オーバーオールのくまちゃんの作り方

① ちょいカタアイシングでくまちゃんの顔の輪郭を描く。

② ちょいカタアイシングでオーバーオール部分の輪郭を描く。

③ オーバーオールの中をゆるめアイシングで塗り潰す。

④ お顔の中もゆるめアイシングを流し込む。

⑤ 表面が乾いたら、くまちゃんの手足とおにぎり、顔の鼻周りをそれぞれちょいカタアイシングで描く。

⑥ ちょいカタアイシングでオーバーオールに飾りを描く。

⑦ お顔をペイントし、お米やおにぎりの海苔を描いて完成♡

隙間埋めなどにオススメ♡型抜きシュガーパーツ

① シュガーペーストをよく捏ね、麺棒で薄く伸ばし、お花型で抜く。（くっつく時はコーンスターチを少量まぶす。）

② ちょいカタアイシングでお花の中心を絞る。

③ 別のちょいカタアイシングで中心の周りに小さくパール絞りをする。

隙間埋めやちょっと何か足りない時など、すぐできる型抜きシュガーパーツは乾く前にクッキーにのせたり、乾燥させて保存もできますよ♡写真を撮る時に周りに並べても可愛いのでオススメ♡

深さのある器に盛り付けるコツ

アイシングクッキーは平面のデザインが多いので写真を撮る時などはお皿にそのまま並べる方が多いと思いますが、CUTE OBENTO COOKIES のページでは深さのあるリアルお弁当箱にスタイリングしています。

深さのある箱や器に盛り付けるコツは、クッキーが沈んでしまわないようにすること。
せっかく作ったアイシングクッキーは絶対可愛く写真に残したいですよね！
可愛い箱も用意したのに、埋まってしまって見えない…。という残念なことにならないように、スタイリング撮影現場では深さのある箱に入れる時は必ず土台を仕込みます。
これはリアルお弁当でも一緒で、キャラ弁などを作る時も実は下にご飯やマッシュポテトなんかを仕込んでいるんですよー♡

今回はご飯を仕込むわけにはいかないので（笑）透明なサランラップを少しずつくるくるまとめたものや、アルミホイルをギュッと固くしたものをいくつか用意して、その上にクッキーたちを盛り付けています。お弁当に見せたいのでお弁当用のおかずカップに入れたりもしています。このおかずカップの中にも見えないように小さな土台を仕込み、その上にバランスを見ながらクッキーを置いていますよ♡

高低差や大小のバランスを見て、空いた隙間にもアイシングクッキーを配置して…と本物のお弁当みたいに盛り付けをすると上手にスタイリングできます♡

いよいよ最終レッスンです♡ここまで作れたらもうどんなデザインや色も思いのままに作れるはず
アイシングクッキーで特に人気のデザインはやっぱりスイーツモチーフ♡
ケーキやキャンディのデザインはとにかく色々なギフトに使えます♡スイーツモチーフを制すものはアイ
シングクッキーも制す！これは間違いありません♡

これぞアイシングクッキーの鉄板♡

Lovely sweets cookies

くまちゃんカップケーキは、４５ページのくまちゃんバーガーと同じように
クッキー型を組み合わせて作っています。
１つのクッキー型でもカットしてみたり、別の型を組み合わせることで
新しいデザインを作ることができます。サイズの小さい丸型はクッキー型で
はあまりないので、口金の裏側やキャラ弁用抜き型などを工夫すればOK♡

✎ 型同士を合わせて作るクッキーの焼き方（くまちゃんカップケーキ）

 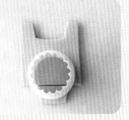  

① カップケーキのカップ
部分を抜く。

② カップに合わせて丸型
カップケーキの上の部分を
抜く。

③ お耳の位置で口金の裏
側など、小さい円形で耳の
部分を抜く。

④ カットした境目を指で
優しく押さえてクッキー同
士を付けてからオーブンで
焼く。

（焼き方は11ページに♡）

✎ くまちゃんカップケーキの作り方

  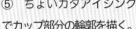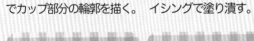

⑤ ちょいカタアイシング
でカップ部分の輪郭を描く。

⑥ カップの中をゆるめア
イシングで塗り潰す。

⑦ くまちゃんの部分の輪
郭を描く。

⑧ くまちゃんの中をゆる
めアイシングで塗り潰す。

⑨ ちょいカタアイシング
でカップの輪郭を描く。

⑩ カップの部分にフリル
を描く。

⑪ 顔と小さいドット柄を
描く。

⑫ かためアイシングを星
口金をつけたコルネに入れ
てローズ絞り*¹をしてから、
パーツをのせる。

＊１）３５ページ参照。

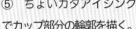

カップケーキの作り方

① ちょいカタアイシングでカップの部分の輪郭を描く。

② カップ部分をゆるめアイシングで塗り潰す。

③ ②が乾かないうちにドット柄をゆるめアイシングで入れる。

④ ちょいゆるアイシングでもこもこ絞り*1 をしてクリーム部分を絞る。

＊1）35ページ参照。

⑤ 表面が乾いたらチョコソースの部分をちょいカタアイシングで描いてトッピングする。

シュガーパーツをのせても♡

チョコレートの作り方

① ちょいカタアイシングで輪郭を描く。

② ゆるめアイシングで中を塗り潰す。

③ 表面が乾いたらちょいカタアイシングでチョコの立体感と文字を描く。

クッキー生地の端切れなどの部分を使って1.5cm×2cm程度の長方形を作ります。型も必要なくたくさん作れますよ♡

ピザカッターがあると綺麗にカットができます♡

100円ショップでも買えるので1つあると便利。

いちごの作り方

① ちょいカタアイシングで輪郭を描く。

② ゆるめアイシングで中を塗り潰す。

③ 表面が乾いたらヘタの部分をちょいカタアイシングで描く。

④ ヘタはお花を作るイメージで均等にしずく型を絞る。

⑤ ちょいカタアイシングでタネの部分を描く。

⑥ 最後にシュガーペーストで小さいお花パーツを作り、ヘタの部分に接着する。

ドーナツの作り方

① ちょいカタアイシングで輪郭を描く。

② ゆるめアイシングで塗り潰す。

③ 表面が乾いたらちょいゆるアイシングでソースの部分を絞る。（コルネは少し太めにカット）

④ ちょいカタアイシングでトッピングを描く。

ドーナツ型のクッキーは丸型で抜いた後、口金等で中心をくり抜いて焼きます。下の方が少し太くなるように穴の位置を中心からずらすとドーナツらしい立体感がでますよ♡

🥄 ロウソク付きケーキの作り方

① ちょいカタアイシングでケーキの輪郭をそれぞれ描く。

② ちょいカタアイシングで上段のケーキにストライプの区切りを入れる。

③ ストライプの区切りを二重にする。

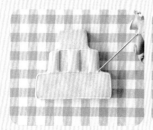

④ 1つ飛ばしでストライプの中にゆるめアイシングを流し込む。

⑤ ④が乾いたら下段のケーキにゆるめアイシングを流し込む。

⑥ 残りのストライプ部分にゆるめアイシングを流し込む。

⑦ ちょいカタアイシングでロウソクの部分を1段ずつ色を変えて絞っていく。

⑧ クリーム部分をちょいゆるアイシングで描く。

⑨ 下段のケーキにもクリームを描き、ちょいカタアイシングでしずく絞り*1をする。

⑩ ちょいカタアイシングでロウソクの火を描く。(最初に赤で描いて、乾く前にオレンジを少し入れる)

⑪ シュガーパーツのリボンやトッピングを描いて完成♡

*1) 35ページ参照。

tea time...

3段ケーキにしても可愛いよ♡
文字を書くのもオススメ♡

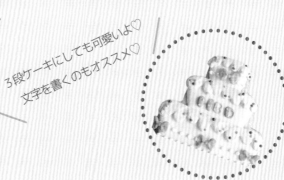

フォークとナイフの作り方

① ちょいカタアイシングで輪郭を描く。

② ゆるめアイシングで中を塗り潰す。

③ 表面が乾いたらヘタの部分をちょいカタアイシングで描く。

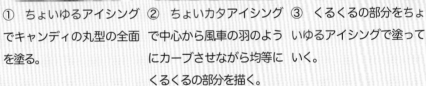

cookies

キャンディの作り方

① ちょいゆるアイシングでキャンディの丸型の全面を塗る。

② ちょいカタアイシングで中心から風車の羽のようにカーブさせながら均等にくるくるの部分を描く。

③ くるくるの部分をちょいゆるアイシングで塗っていく。

④ 小さいクッキーの時はゆるめよりもちょいゆるの固さが塗りやすい。ニードルを使って細部まで流し込む。

⑤ くるくる部分が乾く前に細目グラニュー糖をまぶす。違うところについたグラニュー糖は筆ではらう。

⑥ 最後に中心にちょいカタアイシングでハートを描く。（パーツをのせてもOK）

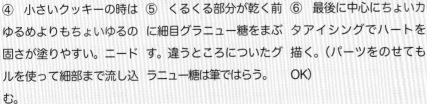

クッキーポップスはご存知ですか？ペロペロキャンディみたいな棒付きのクッキーのことです♡手で持てる可愛い棒付きクッキーはフォトプロップスなどでもよく使われます。今回はクッキーポップスでよく使う数字クッキーの組み立て方を掲載しました。お誕生日やウェディングパーティーなどで大人気なのでぜひ作ってみてくださいね♡

ペロペロキャンディみたいな棒付きクッキー

COOKIE POPS

ペーパーストローを使うポップスは2枚のクッキーでペーパーストローを挟み込みます。1枚は表用でアイシングするもの、もう1枚は裏側になるので素焼きです。数字の上にロウソクの炎がついた場合は、裏側のロウソクの炎部分は見えないのでカットしています。
どうしてもボリュームが出るので、3mm厚程度の生地を使うと良いでしょう♡

クッキーポップスの組み立て方 （ペーパーストロー）

表面のアイシングが完成してから
組み立てるよ♡

① ペーパーストローの クッキーで挟む部分の２cm ほどを平たく潰す。

② アイシングしていない 方のクッキーにちょいカタ アイシングを厚めに塗り、 そこに①のペーパースト ローを埋め込むようのせる。

③ アイシングしたクッ キーで挟むようにして、サ イドからはみ出た部分を筆 などで拭い取り乾かす。

１cm 厚にして 棒を付けたまま焼くよ

こちらのアイスの棒バージョンは生地を焼くときに棒を差し込んで焼いています♡木の棒は焼いた際にバターが染みてしまうので焼く用の棒を用意しておきます。冷めてから取り替えたり、棒の部分にマスキングテープを貼っても可愛いですよ♡

手作りカールリボンタイ

① カールリボンを１５cm 程度切ったものを４本用意 する。

② 全部まとめて真ん中を くるっとねじる。

③ ビニールタイをカール リボンで挟み、ずれないよ うにホチキスで止める。

指で押さえてシュッ！

④ ホチキスが外れないよ うに指で押さえながら、ハ サミの刃を閉じた状態で カールリボンに沿わせてし ごく。

１００円ショップやラッピング専門店などでも手に入るカールリボンタイですが簡単に作れます♡色の組み合わせを変えたり、パールカラーやオーロラカラーなど色や質感も豊富なので市販品より自分好みのリボンタイが作れちゃいますよ♡

ペットも食べられる手作りおやつ♡

cookies for the Dog

📋 材料（3cm大）

米粉	50g
メープルシロップ	5g
卵黄	1個
ヤギ粉ミルク (ゴートミルク)	5g
お湯	60cc
こめ油	5g
野菜パウダー	少々

わんちゃん猫ちゃんの栄養素の基本はタンパク質です。クッキーは穀物がメインになりますが、お米は比較的アレルギーが出にくいのでおやつにも米粉を使用すると良いですよ♡厚さを薄めにしましょう。
推奨量は3kg以下のコで3枚弱、5kg以上のコで5枚まで♡あくまでもおやつやご褒美としてあげてくださいね♡

✏️ 作り方

① ヤギ粉ミルクとお湯を小さい器で溶いて液体ミルクにしておく。

② ジップ付きの袋にヤギミルク以外の材料を全部入れてモミモミしてなじませる。（ボウルに入れて混ぜてもOK）

③ ①のヤギミルクを生地がまとまるまで加える。

④ 味付けする場合はここで野菜パウダーを少量練りこむ。

⑤ 生地がまとまったら台に出し、麺棒で3mm厚に伸ばす。生地がくっつくようなら米粉を少量まぶす。

⑥ 型抜きをして160度に予熱したオーブンで12分〜15分焼く。

愛用3Dプリンター

数年前はアルミ板を曲げてクッキー型を作るのが主流でしたが、今は3Dプリンターで作る方が増えています。私の使っているものはフラッシュフォージのアドベンチャー3という機種。価格も6万円台と3Dプリンターにしては手頃で操作やフィラメント（樹脂）の交換も他社製の物に比べて簡単です♡

色々な3Dプリンターがありますが価格が安すぎるものは逆に操作や調整が難しく初心者にはお勧めできません。クッキー型に限って言えば5万円以上の機種が安定していて使いやすいので、印刷範囲の大きさと価格を参考に選ぶと良いと思います♡

オリジナル型が作れちゃう♡

♥データ作成には3DCADソフトとスライサーソフトが必要。
3Dデータ作成協力　平塚淳子　@lateliercannelle
@はインスタグラムアカウント名

本書で使用したクッキー型紹介

LESSON 6

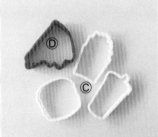

LESSON 7

LESSON 8

LESSON 9

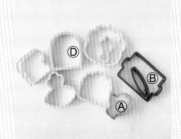

LESSON 10

LESSON 11

Ⓐ BIRKMANN
Ⓑ the cookie cutter land　@cookiecutterland　https://minne.com/@kcyon1
Ⓒ m.godis　@m.godis　https://mgodis.buyshop.jp/
Ⓓ MOMOCREAM　@ momocream_ayu　https://momocream.theshop.jp
Ⓔ AMERICAN SWEETS
Ⓕ 製菓・製パン資材を扱うショッピングサイト【cotta】https://www.cotta.jp/
Ⓖ STANDTER
Ⓗ yahoo ストア

Column about the cookies
クッキーにまつわるあれこれ。

お菓子の本って専門用語も多いし、材料もどれを
選べばいいか迷っちゃいますよね。
私は普段インスタグラムをメインに交流させてい
ただくのですが、すごくたくさんの質問をいただ
きます。

最後に質問集を掲載しました。ここで皆さんの疑
問を解決＆シェアしたいと思います♡
お茶でも飲みながらぜひ読んでみてください♡

お砂糖は何を使えばいいの？

まずはお砂糖にはどんな種類があるのか見てみましょう。
一言でお砂糖と言っても色や粒の大きさも色々。それぞれに特徴があるのでお砂糖の種類がわかれ
ばお菓子に合わせて使い分けることもできるようになりますよ♡

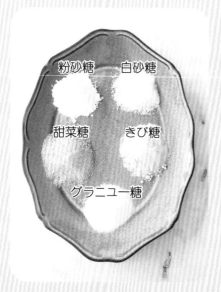

粉砂糖　　白砂糖

甜菜糖　　きび糖

グラニュー糖

お菓子でよく使うお砂糖を5種類用意してみました。
一般的なお菓子でよく使うのは、上白糖、グラニュー
糖、粉砂糖でしょうか。
最近ではきび糖や甜菜糖のような茶色のお砂糖も人
気が高まっている傾向です。私のお店でも販売用の
クッキーはきび糖を使用しています。

色の違いはもちろんですが、よく見ると砂糖の粒の
大きさも違います。
お菓子作りでは粒の大きさが生地との混ざり具合に
関係します。レシピを見た際に砂糖に指定が無いも
のでも、工程の中で砂糖を溶かさないレシピ（クッ
キー生地、タルト、サブレ生地等）は粒が細かいお
砂糖の方が表面が綺麗に仕上がります。

お砂糖を変えるとクッキー生地も変わるよ

本書に掲載しているクッキーレシピで分量そのまま、お砂糖だけ変えたものです。
（フラゼは2回）

左がきび糖、右が粉砂糖使用。
きび糖を使った方が焼き色が濃くなります。
クッキーの表面も少しザラっとしています。

これは砂糖の粒が粉砂糖に比べて大きいためです。
このような粒が大きいお砂糖を使う場合はフラゼの回数を1〜2度増やしてみましょう。
（やりすぎは禁物！数回増やす程度でOK）

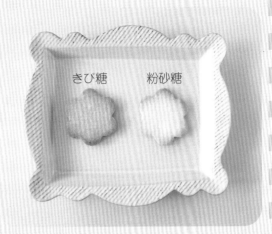

きび糖　　粉砂糖

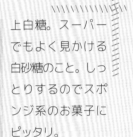

定番のグラニュー糖。スッキリした甘さが特徴。焼き色がつきにくい。細目タイプが溶けやすく使いやすい。

上白糖。スーパーでもよく見かける白砂糖のこと。しっとりするのでスポンジ系のお菓子にピッタリ。

粉砂糖。パウダー状。純粉糖は湿気で固まりやすいのでアイシングにはオリゴ糖入りタイプがオススメ。

きび糖。まろやかな甘さでコクがある。砂糖の粒は粗いものが多い。焼き色をつけたくないお菓子には不向き。

甜菜糖。甜菜という植物から作られる砂糖。オリゴ糖やミネラル分が白砂糖より含まれている。粒は粗い。

黒糖。スーパーで売っているものは加工黒糖が多いので注意。砂糖を溶かして作るお菓子向き。

小麦粉の種類…たくさんあるけど何を使えばいいの？

小麦粉の種類は薄力粉・中力粉（準強力粉）・強力粉の３種類♡

　３種類の違いはズバリ！タンパク質の量！グルテンという小麦に含まれるタンパク質の量によって薄力粉、中力粉（準強力粉）、強力粉に分けられます。
薄力粉が一番グルテンの量が少なく、次に中力粉（準強力粉）、強力粉の順に多くなります。
タンパク質（グルテン）の量が多いほど粘り気が強くなるので、パン作りには強力粉、
ふわっとしたケーキや、サクッとしたクッキーなどは薄力粉がよく使われます♡

　薄力粉の中でもたくさん銘柄があるのですが、同じ薄力粉と呼ばれるものでも微妙にグルテンの合有量も違い、粒の大きさや軽さも違います。
お菓子を作る際にどういう特徴を出したいか。で使い分けるのもいいですね。

とは言え、一般家庭で何種類も小麦粉を揃えるのは大変ですよね（汗）
本書で使用している薄力粉の種類と共に、私が試してきた中でこのスイーツにはこれ！というおすすめがあるので、粉選びに迷っている方は下に記載した粉を選べばまず間違いありません！

クッキーや定番の焼き菓子には薄力粉の**シュクレ**がおすすめ！タンパク質含有量も多く、国産なのに価格も◎

クリームやフルーツなどと合わせるケーキ類には定番**バイオレット**。軽い＆主張がなく使いやすい万能選手です。

粉と卵が決めてのシフォンケーキは膨らみが重要！
特宝笠ならふんわりしっかり高さが出ますよ。

手作り食パンにおすすめなのが強力粉の**春よ恋**。しっかり膨らむ＆モチモチした食感のパンに仕上がります。

1番生地、2番生地ってなあに？

クッキーのレシピを見るとよく出てくるのが1番生地、2番生地という順番がついた生地。この数字はフラゼ*1をして伸ばした1回目の生地が1番生地、型抜きをして余った生地をもう一度まとめ、再度伸ばした生地のことを2番生地といい、生地をまとめて伸ばした状態が何回目か。ということです。

―――――――――
＊1）　11ページのクッキー生地工程⑤〜⑥参照。

3番生地以降は生地が劣化しやすいため、プレゼント用や販売用は3番生地ぐらいまでで作るのがおすすめ♡

劣化した生地を使うとどうなるの？

劣化した生地を使うと、同じクッキー型でも焼き上がりが歪んだり、縮んだり、焼き色が濃くなりすぎたり…と、見た目の問題もありますが、食べた時も硬くなってカリンコリンな食感になってしまいます。また生地を作る時の部屋の温度にも注意。
暖かい部屋で作るとバターが溶けて油分が出てしまうためできるだけ涼しい場所で、手の温度でも溶けてしまうため素早く仕上げます。麺台は木製よりも大理石製がひんやりしてオススメ◎

　3番生地以降の少し余った生地は、新しく生地を作る時にフラゼの段階で混ぜ込んでしまって大丈夫。混ぜる量は新しい生地全体量の10%程度を目安にすればOK！
もちろん端切れクッキーとしておやつにしても♡
ついつい止まらなくなっちゃいます（笑）

本書に掲載したレシピは3番生地以降も焼き縮みが少ないレシピです♡この生地で試した結果、なんと6番目まで質感変わらず！

　7番目以降から焼き縮み等が見られましたが、おそらく7番まで生地が残らないと思うので（笑）最後まで美味しいクッキーが焼けますよ♡

焼き縮み無しっ

6番
5番
4番
3番
2番
1番

どうして塩を入れるのに無塩バターを使うの？

色々なバターがあるけど、基本的には**有塩・無塩・発酵**の３種類♡

基本的にお菓子で使うバターは無塩バターか発酵バター。
スーパーでよく売っているものは有塩バターが多いですよね。近所のお店では取り扱っていないことが多いので、バターに種類があることを知らない方もいるかもしれません。
無塩バターや、発酵バターは製菓材料店で購入するのが一般的です。

さて、レシピによっては無塩バターを使うのに、塩を足すレシピがありますよね。
本書のクッキー生地も無塩バターなのに塩を加えるレシピとなっています。結局塩を入れるなら最初から有塩バターでいいんじゃない？と思ったことがある方も多いのではないでしょうか？（私です笑）

これを検証すべく、その昔同じ分量で有塩バターで作ったことがあるのですが、いやはやなんとも塩気の強いクッキーが出来上がってしまいました（汗）

実は有塩バターって意外と塩気が強いのですね。お料理で１０ｇ程度の少量使うのと違って、お菓子は５０ｇ、１００ｇと、たくさん使用します。バターがメインになるお菓子で有塩バターを使うと塩気が強く出てしまいます。なので無塩バターを使い、塩は後から入れて味を調節しましょう♡ということなんです。

ただし最近では塩キャラメルや塩バニラなど、しょっぱさと甘さの融合した味も流行りなので塩気の好みによっては有塩バターを使うのもアリかな？とも思います。
なので間違いではないんですよ♡

ちなみに発酵バターにも有塩、無塩どちらもあります。発酵バターはバターを作る過程で乳酸菌を足してわざと発酵を促したものです。発酵といっても酸味があるわけではなく、香りに特徴がありますね。シンプルな焼き菓子に使うと違いがよくわかります。
この風味が苦手な方もいるようですが、フルーツリキュールを混ぜると食べやすく、さらにプロっぽいお味になるので発酵バターの香りが苦手な方はぜひお試しください♡

Salt on

有塩バター。一般的なスーパーではカットタイプで手に入りやすい。雪印・よつ葉の有塩バターは若干黄色味がかっている。

無塩バター。よつ葉・高千穂・明治など色々なメーカーが出している。よつ葉の無塩バターはミルク感が強く、高千穂とカルピスバターは白いためバタークリームなどに◎

発酵バター。バターを作る工程で乳酸菌をプラスして発酵させたもの。発酵と言っても酸味はなく、香りが豊か。通常のバターより日持ちしないので注意。

コンパウンド。最近ではバターを配合したものもあるが基本的にはバターとは別物。価格が安く、柔らかいためクレメ*1系のお菓子に使いやすい。

＊1）13ページ参照

賞味期限・消費期限の決め方って？

賞味期限は美味しく食べられる期間のことで、消費期限は腐敗せず劣化していない期間を表しています。なので、賞味期限と消費期限は必ずしも同じではありません。特にアイシングクッキーはアートとして考えた場合は1年でも2年でも半永久的に保存できます。

ただし、食べることを前提としている場合には必ず消費期限を設定しなくてはなりません。一般的にはアイシングクッキーの消費期限は1ヶ月前後と設定されていることが多いようです。

おそらくネット上で調べたり、お店で買ったクッキーの食品表示からそう言われているのではないかと思いますが、実際に検査したことがある人は少ないのではないでしょうか？
消費期限を調べる機関に公衆衛生検査センターという機関があります。
ここに消費期限を設定したいものを持っていくと調べてもらえます。（検査項目により加算）
ただし、【未開封の状態で消費期限を常温で1ヶ月30日とする。】と設定する場合は、常温（25度～35度）で1ヶ月放置しておき、30日経った時に細菌等の検査を実施するため、かなり時間が必要となります。
また材料の配合によっても変わるため、レシピを変えた場合には再度検査する必要が出てきます。

2020年現在消費期限の設定に検査が必須なわけではありませんが、気になる方は調べてみるのも面白いかもしれません♡

インスタグラムで募集した質問で多かった質問をまとめてみました♡
このページを読めばあなたの疑問が解決するかもしれません♡また私自身のことや開業に関しての質問もたくさんいただいたのであとがきで紹介しますね♡開業となるとハードルはかなり上がりますが、できないことはありません！

Q, アイシングが滲みます。

アイシングクッキーの最初の関門ですね。wet on wet でアイシングを落とし込んだ時に発生することが多いのですが、なじみ模様での滲みはアイシング同士の水分量が違う、混ぜが足りない。塗った後、輪郭などからじわじわ滲みが出てくる場合は自然乾燥している場合によく発生します。乾燥させる時にフードドライヤーを使ってみてください。乾燥後の室内の湿度にも注意！

Q, アイシングが凹んだり、穴が開いちゃいます。

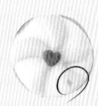

アイシングを塗った時は綺麗だったのに、乾いた後で凹んだり、穴が開くことがあります。小さいクッキーや細かい部分を塗った時によくある現象です。原因はアイシングクリームの混ぜ不足。時間が経ったアイシングは必ずしっかり混ぜてから使いましょう。穴が開いてしまったら同じ色のアイシングを少し穴に入れて、筆で平らに修正します。

Q, アイシングを乾かしたらヒビが入りました。

完成した後にヒビが入ってしまった場合は、乾燥させすぎか、混ぜ不足が原因のことが多いです。
またフードドライヤーを使用している場合は温度が高すぎる、フードドライヤーに当てている時間が長いことも考えられます。意外と盲点なのがクッキーが温かいうちにアイシングしてしまう。これもひび割れの原因になりますからご注意を！湿度に弱いアイシングクッキーですが実は乾燥させすぎてもクッキーの土台が縮んでしまうため、上にのせたアイシング部分が割れてしまうということもあります。

Q, 乾いたアイシングが綺麗に剥がれました。

クッキーとアイシング部分が綺麗に剥がれてしまうことがあります。これはクッキー生地自体が乾燥していると起こります。焼く前に天板にのせた状態で放置していた場合や、冷蔵庫での保存が長かったクッキー生地に多いです。霧吹きでシュッと水を吹きかけてから焼くと改善されます。また盲点なのが生地の砂糖の量。アイシングをのせるからといって砂糖を減らしすぎると生地が乾燥しやすくなります。

Q, クッキーを焼いたら表面がボコボコしちゃった。

11ページの作り方をぜひ実践してください♡焼いたクッキーの表面がボコボコしているのはフラゼ不足です。使っている砂糖の粒の大きさによっても多少変化します。また小麦粉を使うクッキーは休ませる工程も必須なので、ぜひ11ページの作り方を参考にしてくださいね♡シルパンを使うのも◎（米粉の場合は休ませてもグルテンが発生しないので多少ザラザラ感があります。）

Q, 溶けたバターを使うとどうなるの？

食感が変わります。塩パンの底の部分をイメージしてください。塩パンはパン生地の中に固形バターを入れて焼き、それが溶け出てきて天板と接することでカリンとした食感になります。クッキーもまさにそんな感じで、天板に接している部分はカリンコリン、砂糖と混ざった部分はキャラメルのようなソフト感が出る。という感じです。これはこれで美味しいのですが油分が底に固まるため、長期保存には向きません。が、アメリカのチューイークッキーというクッキーではバターを完全に溶かしたレシピもあります♡

Q, アイシングを塗って乾かしたら所々白くなってしまいます。

気温と湿度の変化により表面が白くなることがあります。家庭で作る場合はそこまで温度や湿度を気にしていないと思うのですが、実は夏より冬場に起こりやすいんです。日中暖かい部屋で作っていたアイシングクッキーが中が完全に乾いていない間に夜間になり室温が下がると、表面が白く結晶化することがあります。結露等でも起こるので途中で中断する場合はできるだけ環境が変わらない状態で保管するようにしましょう。白く結晶化した場合も食べるのには問題ありません。

Q, アイシングを塗ったところが黄ばみました。

アイシングが乾いた後、黄ばみがもやもやっと見えることがあります。特に白のアイシングだとわかりやすいのですが、これはクッキーの油分の染みがアイシング部分に現れた油染みです。フードドライヤーの温度が高い、使用時間が長かった場合、あとはクッキー生地にアーモンドプードルを使用していたり、バニラオイルを入れている生地もこの黄ばみが出やすいです。一番の原因はやはりフードドライヤーの使用時間が長いか、温度が高いことだと思うので表面が乾いたら一旦フードドライヤーを止める。を意識してみてください。

Q, トレースの方法が知りたいです。

複雑なイラストやキャラクターを作る時、同じ柄を何枚も作る時にトレースという方法を使います。初心者さんにオススメなのはP.57〜58に記載したシュガーパーツの作り方の応用で、作りたいイラストの上にOPPシートを重ねてアイシングでなぞるというもの。これだとクッキーは後から焼いて、先に作ったパーツが乾いてから剥がし、クッキーに接着するだけでOKです。上級者さんはクッキーの上に竹炭パウダーを薄く塗ったOPPシートを重ね、その上にイラストを置いてニードルでなぞって転写する。という方法もありますよ。これはかなり上級向けなので、まずはアイシングに慣れてくださいね♡

Q, アイシングクリームが半透明になります。

ズバリ混ぜ不足です！ハンドミキサーを使ってしっかり混ぜてください。作ってから時間が経っていると分離してくるので時間が経ったアイシングクリームは着色する前にしっかりと練り直しましょう。ゆるめアイシングをコルネに入れた際も分離しやすいです。分離した場合は一度器に出してよく混ぜてから再度コルネに入れて使いましょう。デザインによってはあえて半透明になったものを使用することもありますよ♡（大理石のようなマーブル模様など）

Q, アイシングカラーは WILTON 以外でもいいですか？

アイシングカラーは日本で手に入るメーカーはさほど多くなく、WILTON のものが一番手に入りやすいためよく使用されていますが、他にも CK というメーカーのカラージェルも日本に輸入されています。お好きなものを使用していただいて OK ですよ♡ジェル状のアイシングカラー以外にも液体タイプもあります。液体タイプは使用量によってはアイシングがゆるくなってしまうので、アイシングの水分量に注意してください。

Q, 乾燥卵白を使うのはなぜですか？

本書ではアイシングクリームを作るのに乾燥卵白を使用していますが、これは乾燥卵白の方が保存しやすく安定していて使いやすいためです。もちろん生卵白を使用しても OK ですが、卵の大きさにより卵白の量も若干変わりますし、毎回きっちり同じに仕上げるのは慣れないと難しいかもしれません。
乾燥卵白を使用した場合も生卵白を使用した場合もアイシングクリーム自体の扱いやすさは変わらないですが、生卵白を使用したアイシングクリームは敏感な方だと若干匂いを感じるかもしれません。

Q, 市販のアイシングパウダーを使用してもいいですか？

最近は１００円ショップなどでも水を混ぜるだけでアイシングクリームを作れるものが販売されています。もちろん使って OK ですよ♡製菓キットなどでアイシングパウダーの大袋もありますから、いくつも材料を揃えるのは大変…という方はそれらを使用するのも◎
メーカーにより加える水の分量が違うのですが、アイシングクリームの状態をよく見ながらスポイトで水分を調節すると良いでしょう。（アイシングクリームの状態は P.19）

Q, クッキー型の収納はどうしてますか？

どんどん増えていくクッキー型。私も良い収納方法があれば知りたい！！！（笑）
定番なのは１００円ショップなどに売っている A ４サイズの書類ケースでしょうか。透明なのでクッキー型が見つけやすく、軽くて洗いやすいのもメリットです♡
今はクッキー型専用の棚を作り、無印良品のアクリル製の引き出しを使って種類別に収納するようになりました♡数が多い場合は思い切ってクッキー型専用の棚を作ってしまうのも良いかもしれません♡

Q, デザインの参考にしているものはありますか？

P.38でも少し触れましたが、私はとにかく可愛いものが大好き♡小さい子どもが好きそうなものが大人になった今でもずーっと好きなままなんです（笑）キラキラしたアクセサリーやお洋服、ネイルアートは色を学ぶにはぴったりですし、海外のおもちゃ、食器は日本ではあまり見かけないカラフルさなのですごく刺激になります。写真だけ見るのもいいのですが、現物を見た方がデザインを思いつくのでつい集めてしまいます。お菓子の箱や空き瓶も残しておくし、シールなども可愛いと使わずにコレクションするタイプです（笑）

MY Favorite Things

How to become a Bakeshop
お菓子屋さんになるには

Q, 自宅のキッチンや賃貸マンションでも製造許可は取れますか？

Q, お菓子のネット販売も製造許可は必要ですか？

一番多くの方から質問をいただくのは【お菓子屋さんになるにはどうしたらいいか】という、**菓子製造業**に関する内容です。私は自宅敷地内に製造許可設備を建てたので、家で仕事できるなんて最高ね！と言われますし、ありがたいことに自分の好きなことを仕事にできています。もちろん見えない部分で大変なこともたくさんあるのですが、それ以上に楽しさが勝るので今もお仕事を続けていられます。お菓子の販売ってどうすればできるの？の答えはとてもシンプル。製造許可を取得した設備で作ったものは販売できます。シンプルですが製造許可を取得するのは非常にハードルが高いのです。

食品を製造販売する方法

食品の製造販売は、必ず規定通りに作られた設備が必要で、保健所の許可が必要です。
と、同時に食品衛生責任者という資格講習も受けなければなりません。この講習は1日講習を受講して毎年更新していけばいいので問題ありませんが、設備に関してはちょっとやそっとのことでは許可がおりません。
ここの敷居がかなり高い！！！
県や自治体によって多少違うのですが、大きな設備としては

- ・自宅キッチンでの製作は不可。（家族の食事等を用意する私用目的のキッチンでは製造できない）
- ・床は水掃けがよく、洗える状態の床材であること。
- ・製造場所とその他の場所が壁で仕切られていること。
- ・シンクは2層 or 3層必要。（自治体により異なる）
- ・製造場所内にシンク以外の独立した手洗い場が必要。

これだけではありませんが、上記内容を備えると思うと当然自宅のキッチンでは許可がおりませんし、賃貸マンションなどでは床材や排水の点からこれまた許可がおりません。（そもそも賃貸マンションは大抵が事業を行う契約にはなっていないので開業届を出したりも厳密にはNGが多いです。）

ネット販売だけの場合や移動販売車を使用する場合も許可を取得している仕込み用の設備が必須。
販売する場所よりも、製造する場所が重要なんです。食品衛生責任者講習を受ければ販売できると思っている方も多いのですが、食品衛生責任者であっても製造許可がない場所で作ったものは販売してはいけません。
人の身体に入るものを作るのでハードルは高くて当たり前。
設備投資には資金がかなり必要なので、ちょっと販売してみたい♡と興味がある方は、今は菓子製造業許可を取得したレンタルキッチンもあるので、まずはそういう施設を利用してみてもいいかもしれませんね♡
販売する際には製造元や原材料を記載しなければならないので、そういった製造以外の知識も必要です。
常に勉強も必須です！！！（笑）

My Kitchen

菓子製造業の規定を満たしていれば好きなようにアレンジできます。
よくあるステンレスのシンクやテーブルじゃなくてもいいんですよ♡

冷蔵庫やオーブンなどは業務用じゃなくても OK ♡
MOMOCREAM は２０２０年現在はネット販売のみの店舗なのでイートインスペースはなく、ドアを開けたらすぐにキッチンという造りで４畳くらいの広さです。製造許可さえあれば販売方法は後からいろいろ考えられるのも、自分のペースに合わせて働けるのが◎今後はネット販売だけではなく可愛いワーゲンバスで移動販売したり、増築して可愛い雑貨やドリンクなどを販売するのも密かな夢です♡

♥ THANKS A MILLION ♥

単独のレシピ本を出すのはアイシングクッキーを作り始めてからの夢でした♡ここ数年ノートや手帳に「可愛いレシピ本を出す！」と書いていたのですが、意識するって実現するためにはとっても大事なんですね。文字にすると次はどの夢を叶えようかな？ってワクワクする＾＾この楽しむ気持ちが大事なんだと思いました♡

長くなりましたが、本の出版が決まったことを SNS で報告した時にたくさんの応援メッセージをいただきました！本当に嬉しかったです♡♡♡皆様のおかげで１冊の本が出来上がりました♡♡♡
この本で初めて私を知ってくださった方、可愛いお菓子を作ってみようかな？と思ってくれた方、Instagram でフォローしてくださっている方…この本を読んでくれた方たちのステキな夢が叶いますように♡
そしてぜひ作ってみて感想を教えてくださると嬉しいです♡（あ、酷評はお控えいただけると w）

THANK U \ **BEARY** / MUCH

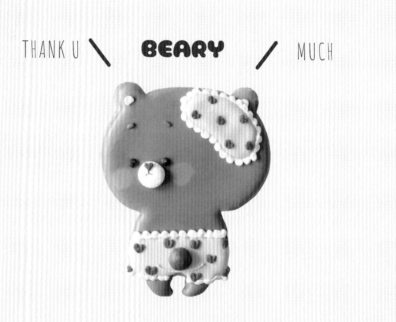